Les nazis à table

ANTOINE DREYFUS

LES NAZIS À TABLE

ENQUÊTE INÉDITE SUR L'ALIMENTATION DANS L'IDÉOLOGIE DU TROISIÈME REICH

le cherche midi

Vous pouvez consulter notre catalogue général
et l'annonce de nos prochaines parutions sur notre site :
www.cherche-midi.com

92, avenue de France
75013 Paris

L'auteur a bénéficié d'une bourse d'aide à la création littéraire et graphique de la Région Provence-Alpes-Côte d'Azur pour l'écriture de cet ouvrage.

Composition : Facompo
Dépôt légal : novembre 2025
ISBN 978-2-7491-8130-1

PRÉFACE

On peut comprendre une société à travers ce qu'elle mange, c'est une évidence. L'alimentation, loin d'être un simple besoin biologique, est un miroir de nos valeurs, de nos hiérarchies, de nos exclusions. Dans ce livre, je propose une plongée inédite dans la société nazie par le prisme de la nourriture. Car derrière les discours, les uniformes et les symboles, il y avait des repas, des cuisines, des rationnements, des festins. Ce que mangeaient les nazis – et ce qu'ils refusaient comme nourriture aux autres – révèle une vision du monde avec une obsession de pureté et de contrôle, ainsi qu'une hiérarchie raciale. L'assiette devient un outil de domination, un marqueur idéologique, un champ de bataille silencieux.

L'alimentation est un pilier méconnu de la machine nazie. Le blocus britannique limitant les importations de denrées avant la Grande Guerre, les épisodes tragiques des famines de 1917, les émeutes de la faim et même les quelques cas monstrueux de faits divers de cannibalisme ont profondément marqué le peuple allemand. Au point que si Hitler remporte les élections de 1933, c'est en grande partie parce que, avec des mots simples, il a promis de donner du travail aux chômeurs et du pain aux familles.

Tout au long des années 1930, le contrôle de la production agricole et industrielle sert ensuite à légitimer l'idée d'une « communauté du peuple » (Volksgemeinschaft), préparant la population à la guerre totale. Sur le plan idéologique, les nazis forgent un discours selon lequel une nourriture « saine » et « pure » reflète la supériorité raciale : régimes végétariens, diètes « hygiénistes », lutte contre le tabac, écoles d'économie domestique pour maintenir les femmes au foyer, « gardiennes de la race », et développement de l'agriculture biodynamique selon les principes de Rudolf Steiner. Les nazis fondent le droit et la politique sur une vision organique et cosmique de la « race » : la communauté allemande du sang apparaît comme un organisme vivant soumis à des forces supérieures et rythmiques.

Une fois la guerre lancée, dans les camps de concentration, les expérimentations médicales incluent des tests sur les rations quotidiennes, la résistance à la faim ou l'efficacité de « substituts alimentaires » (erzast), un angle mort des études historiques, alors même que ces pratiques ont conduit à l'anéantissement de milliers de déportés. Mais la recherche académique a fait des découvertes majeures, passées sous les radars. Plus qu'un simple catalogue des atrocités nazies, elles nous interpellent car elles parlent aussi des sociétés d'aujourd'hui, de ce que nous mangeons, comment nous recyclons, comment nous produisons les denrées alimentaires. Ainsi, l'historienne américaine Anne Berg étudie comment le nazisme fonctionnait sur le plan matériel et industriel en observant la gestion des déchets, le recyclage et les aliments de remplacement. Elle explique que, loin d'être secondaires, ces pratiques ont joué un rôle central dans l'économie de guerre et dans le système des camps, en mêlant idées de « propreté », sécurité et recyclage poussé au maximum. Ses études montrent que les camps étaient au cœur d'un réseau organisé pour accaparer et réutiliser tout et où les corps, les objets et les matières étaient exploités jusqu'à ne plus rien laisser.

D'autres recherches universitaires ont mis au jour l'utilisation, par des entreprises agroalimentaires européennes et nord-américaines, de procédés industriels et techniques de fabrication conçus sous le Troisième Reich, certains ayant été développés dans les camps de concentration et d'extermination. Après 1945, plusieurs acteurs industriels ont puisé dans des brevets issus des recherches menées par les services SS, intégrant à leur chaîne de production des formules testées de manière inhumaine sur des prisonniers sans défense. Ces expérimentations, longtemps passées sous silence, sont aujourd'hui réexaminées par les historiens, révélant un réseau complexe de transferts technologiques et d'opportunisme économique. Derrière les innovations vantées de l'après-guerre se dessine une réalité troublante : celle de complicités industrielles et politiques enracinées dans les pratiques les plus brutales du régime nazi.

Ce livre lève le voile sur des documents inédits. Vous découvrirez comment, dans l'après-guerre, la reconstruction, la quête du rendement alimentaire et les affaires ont prolongé, sous un vernis civil, la barbarie nazie.

PARTIE I

LE CONTEXTE ALLEMAND AVANT-GUERRE

CHAPITRE 1

Le traumatisme de la faim

Au cœur de l'histoire allemande du XXe siècle se trouve l'expérience traumatique de la faim provoquée par le blocus maritime britannique de 1914-1919. Celui-ci visait à affamer la population civile pour hâter la reddition de l'Empire. Longtemps relégué au second plan des ouvrages sur la Grande Guerre, cet épisode est pourtant majeur. Il a laissé dans l'inconscient collectif du pays un sentiment d'humiliation et d'injustice si fort qu'il a servi de matrice à l'idéologie nazie, à la politique alimentaire de l'Allemagne d'Hitler, puis aux événements tragiques que l'on connaît tous. Le chercheur canadien Tristan Landry montre que cette privation a constitué un « champ d'expériences centrales » à partir duquel ont surgi les récits de survie et les peurs entretenues par la propagande du Troisième Reich.

En août 1914, lorsque l'Allemagne déclare la guerre à la Russie (1er août), à la France (3 août), puis à la Belgique (4 août), une bonne partie de l'Allemagne se prépare à entrer dans la Première Guerre mondiale avec une détermination inébranlable, unie par le sentiment du Burgfrieden, « la Paix du château », la version allemande de l'Union sacrée, chacune des nations pensant que la guerre allait vite être expédiée. La propagande exalte la guerre, perçue non seulement comme une nécessité stratégique, mais aussi comme une mission sacrée pour protéger la civilisation contre les menaces extérieures. D'ailleurs, comme le souligne l'historien Nicolas Patin, maître de conférences en histoire contemporaine à l'université Bordeaux-Montaigne, cette idée de mission sacrée perdure même au-delà de 1918 : « Après la terrible défaite de 1918 et bien au-delà du parti nazi, la république de Weimar usait et abusait de l'appel à la "communauté du peuple" allemande, unie et solide[1]. »

L'illusion de la guerre éclair est de courte durée : le blocus britannique sape le moral, l'économie, et affame les civils allemands. Confronté à des périodes de disettes et de famines, le pays connaît une insécurité alimentaire qui va durablement et profondément frapper la population.

Au XIXe siècle, l'Allemagne connaît une véritable hémorragie démographique : environ six millions de personnes quittent leur pays, fuyant les famines, la pauvreté et le

—

1. France Culture, « Approches contemporaines sur la république de Weimar (1919-1933) », 6 novembre 2024.

manque de perspectives. Cet exode massif s'explique par les bouleversements profonds que traverse alors le monde germanique, encore morcelé en de nombreux États. L'industrialisation rapide et les mutations démographiques créent un surplus de main-d'œuvre, tandis que les crises agricoles ruinent des milliers de paysans. À partir des années 1840, durant la période dite du « Hochindustrialisierung » (Industrialisation avancée), l'essor de la sidérurgie et de la chimie entraîne une urbanisation accélérée, les campagnes se vidant au profit des villes industrielles. Mais tous ne trouvent pas leur place : beaucoup choisissent l'exil, surtout vers les États-Unis et l'Amérique du Sud, attirés par des terres disponibles et de meilleures conditions de vie. Dans le même temps, la population allemande augmente de manière substantielle. Le taux de natalité, élevé, est soutenu par une amélioration des conditions de vie et des progrès médicaux. Cependant, cette croissance démographique pose également des défis pour l'approvisionnement alimentaire et les services publics. Les années 1846-1848 sont ainsi marquées par des émeutes de la faim.

Dans ce contexte, le blocus britannique va peser très lourd sur le pays, qui n'a plus la capacité de nourrir sa population. L'historien canadien Tristan Landry le souligne : « La mémoire du blocus et la peur de revivre l'expérience de la faim ont soudé les Allemands au sein d'une "communauté alimentaire" (Ernährunggemeinschaft) pour reprendre l'expression de celui qui fut, à partir de 1942, ministre de l'Alimentation et de l'Agriculture, Herbert Backe[2]. »

On ne mesure pas assez l'impact que des privations de nourriture peuvent avoir dans les esprits.

Lorsque la guerre en Ukraine a éclaté, en février 2022, j'ai interviewé Thomas Chopard[3], chercheur à l'Institut national des langues et civilisations orientales (Inalco), spécialiste de l'Ukraine et du monde slave, qui m'expliquait qu'à chaque fois qu'il se rendait dans une famille ukrainienne, il était toujours impressionné par les quantités impressionnantes de nourriture sur les tables de ses hôtes. Il attribuait cette profusion de plats au souvenir douloureux des famines organisées en Ukraine, le Holodomor de 1932-1933, sous le régime de Staline. Les réquisitions excessives de denrées alimentaires, les campagnes de dékoulakisation, les restrictions sévères de denrées et les déplacements forcés ont plongé la population dans une spirale infernale de faim et de mort. Ces privations de vivres, qualifiées « d'extermination par la faim », ont engendré des millions de victimes, entre 2,5 et 5 millions de morts.

—

2. Landry, Tristan, *Du beurre ou des canons. Une histoire culturelle de l'alimentation sous le IIIe Reich*, éd. Hermann, 2021, p. 5.

3. Dreyfus, Antoine, « Histoire : depuis quand la Russie est-elle obsédée par l'Ukraine ? », *Ça m'intéresse* [en ligne], 23 octobre 2022. Disponible à l'adresse : https://www.caminteresse.fr/histoire/histoire-depuis-quand-la-russie-est-elle-obsedee-par-lukraine-11186341/

Le blocus britannique : une catastrophe humanitaire

Entre 1905 et 1908, la Grande-Bretagne prépare donc un plan destiné à affamer les Allemands en cas de conflit. Appliqué dès la fin de l'été 1914, ce programme naît de la prise de conscience que l'Allemagne dépend des importations en large part depuis 1870.

La Royal Navy patrouille dans les océans Atlantique, la mer du Nord et la Méditerranée. Les navires de commerce allemands sont interceptés et leurs cargaisons saisies, tout comme les navires neutres transportant des marchandises vers l'Allemagne. Les autorités britanniques publient une liste complète des articles que les exploitants des navires commerciaux neutres ne doivent pas acheminer vers les puissances centrales, incluant la nourriture, les armes, l'or, l'argent, le lin, le papier, la soie, le coprah (chair de la noix de coco pour faire de l'huile), les minéraux comme le minerai de fer et les cuirs.

Ce blocus, aux conséquences désastreuses, va provoquer un sentiment de revanche exacerbé. D'autant qu'il n'est levé que le 12 juillet 1919, après la signature du traité de Versailles. Il est en fait un moyen de pression pour forcer l'Allemagne à signer le traité, celui-ci allant encore plus aggraver la situation et provoquer dans l'opinion publique un ressentiment très fort contre le « diktat » de Versailles.

Et dans ce texte, on oublie très souvent les clauses liées à l'alimentation, notamment les indemnités énormes que l'Allemagne doit verser pour « animaux détruits », celles concernant les bêtes (veaux, vaches, chevaux, porc, etc.) tuées lors des attaques par « l'ennemi ». « Le traité de Versailles comprenait des clauses qui compromettaient la capacité des Allemands à se nourrir, notamment celle qui spécifiait qu'en réparation pour les "animaux détruits" en France et en Belgique par l'Allemagne, cette dernière s'engageait à livrer à ces pays 810 000 vaches laitières. Ce qui suscitait dans la presse des inquiétudes pour l'avenir des enfants allemands privés du lait qu'auraient pu lui fournir ces vaches[4]. »

Les chiffres sont terribles (et peu connus) : les historiens estiment que 750 000 personnes sont mortes des suites de cette crise alimentaire. L'historien Tristan Landry a trouvé dans les archives un rapport[5] qui décrit une situation critique : « Les patients tourmentent les médecins avec leurs demandes incessantes de nourriture. La monotonie de leur nourriture est presque insupportable : pommes de terre, navets, rutabagas, pommes de terre… Les œdèmes ont fait leur apparition déjà au début de 1916. L'amaigrissement transforme certains individus en squelette. Lors de l'autopsie, presque aucun gras n'est trouvé. »

---

4. Landry, Tristan, *op. cit.*, p. 60.

5. *Ibid.*, p. 48.

1915, le *Kriegskochbuch*, le livre de cuisine de guerre

Pendant cette période de pénurie, le *Kriegskochbuch* (le *Livre de cuisine de guerre*), publié en 1915, devient un allié précieux pour les ménages allemands. Édité par un collectif de cuisiniers et d'experts culinaires, il propose des recettes adaptées aux temps de crise. Il contient des plats économiques, utilisant des ingrédients de substitution tels que les rutabagas, les glands et même les écorces d'arbres. Bien que les chiffres exacts des ventes ne soient pas disponibles, il est clair que cet ouvrage a été largement diffusé et utilisé par de nombreuses familles cherchant à survivre en ces temps difficiles.

Les recettes simples et nourrissantes sont prisées, comme la soupe de chou, un classique. En faisant revenir le chou dans de la graisse et en ajoutant de la farine pour épaissir, on crée un plat riche et réconfortant. L'assaisonnement se limite à une pincée de poivre et de sel.

La soupe de cornichons, quant à elle, utilise un ingrédient moins conventionnel, mais tout aussi accessible. Coupées en dés, ces cucurbitacées (les cornichons sont en fait des petits concombres) sont mélangées à une base de roux composée de graisse et de farine. Le vinaigre apporte une touche d'acidité, auquel on ajoute du sel.

« Des médecins allemands organisaient des ateliers de formation sur l'art de cuisiner en temps de guerre, décrit Tristan Landry. Des modèles de planification hebdomadaire des repas familiaux paraissaient, visant à aider la ménagère à gérer les minces ressources dont elle disposait, essentiellement la pomme de terre, qui devait d'ailleurs être mangée avec la peau pour éviter les pertes[6]. »

Ainsi, le dimanche, les médecins recommandent à midi une soupe de bœuf avec riz et pommes de terre sautées. Le soir, il faut cuisiner les restes de viande, accompagnés d'une salade de pommes de terre.

Le lundi, au déjeuner, soupe de pommes de terre avec garniture. Le soir, gruau d'avoine.

Le mardi, choucroute avec pommes de terre. Le soir, galettes de pommes de terre.

Le mercredi, potage aux haricots à midi. Et le soir, les inévitables pommes de terre au lait (avec une salade).

Le jeudi, carottes avec pommes de terre au déjeuner. Le soir, panade (appareil avec farine, pomme de terre, eau) avec fruits tombés.

Le vendredi, la fête : poisson séché… accompagné toujours de pommes de terre à l'ail. Le soir, restes avec pommes de terre.

Le samedi, on a droit à du chou à l'étouffée avec pommes de terre. Et le soir, du riz au lait.

Comme les matières premières manquent cruellement, on voit apparaître le « pain de guerre », confectionné avec des pommes de terre encore – mais pas toujours, il y a

---

6. *Ibid.*, p. 57.

parfois des doutes sur l'origine des produits. Il y a aussi les « pains d'hémoglobine », des pains auxquels est rajouté du sang d'animal.

Le marché des ersatz explose

Le café ayant quasiment disparu, des succédanés apparaissent, à l'instar du café de carottes. Des industriels imaginent des farines à gâteaux ne nécessitant pas de gras, ni d'œufs, ni de lait, ni de sucre (la marque KaBeKa, abréviation de « Krieks-Brot-Kuchen »). Mais souvent, ces ersatz peuvent être dangereux pour la santé. Les consommateurs ignorent tout de la composition des produits. Il n'y a pas de législation stricte sur l'alimentation à l'époque. Celle-ci n'apparaît qu'en décembre 1918, après l'Armistice.

Ainsi, des fabricants sans scrupules proposent des ersatz d'œufs qui n'en ont que la couleur. Il n'est pas rare de trouver du blanc d'Espagne (chaux carbonatée) ou de la fine sciure de bois dans les farines. Plus grave, les laits pour nourrissons sont souvent des contrefaçons. Des industriels ajoutent aussi sournoisement des additifs sans goût et sans odeur pour augmenter le volume des produits. La gomme adragante est fréquemment utilisée. De nos jours, ces gommes sont utilisées par l'industrie alimentaire, mais elles sont soumises à un cahier des charges. Les autorités sanitaires doivent rappeler plusieurs fois à la population les dangers de ces produits contrefaits.

Le gouvernement incite le peuple allemand à reconnaître et à consommer des plantes et fruits sauvages comestibles. Ainsi les jeunes sont-ils amenés à ramasser des noisettes durant les vacances d'automne. Encore faut-il que l'intendance suive : les cas de dysfonctionnements et de désorganisations sont extrêmement nombreux. Souvent, les récoltes sont entassées dans des wagons ou des entrepôts et pourrissent sur place, dégageant des odeurs épouvantables. Au printemps 1916, les écoliers allemands sont forcés de rester chez eux du fait de l'odeur dégagée par des tonnes de pommes de terre avariées. On appela ce moment les « Vacances puantes » (Stinkeferien).

Extrêmement présente dans les écoles et auprès des familles, la propagande allemande conseille encore d'utiliser des produits méconnus, tels que le cynorrhodon, le faux fruit provenant de l'églantier ou du rosier, appelé également « gratte-cul », parce qu'il contient de la vitamine C. Pour les protéines, les médecins recommandent de manger des parties moins « nobles » des animaux de boucherie, comme les poumons, ainsi que des corbeaux, qui pullulent à l'époque dans les champs. Plus réaliste et meilleur pour la santé, il y a de nombreuses initiatives pour cultiver en commun des lopins de terre. Des familles se regroupent pour faire pousser des légumes, et le jardin botanique de Berlin donne des conseils en ce sens.

Outre les produits et les recettes, la propagande de guerre encourage des méthodes de cuisson pour économiser le charbon, si rare. Le *Livre de cuisine de guerre* fait ainsi la promotion de la boîte de cuisson. Un procédé ingénieux : il s'agit d'une boîte avec un isolant dans lequel on alimente un feu, avec de la paille le plus souvent. On met le chaudron dessus, sur une plaque, pour une cuisson de 30 minutes environ. On pose ensuite le chaudron dans la boîte, en fermant, et l'inertie de la chaleur continue à cuire à l'étouffée le ragoût ou le plat mijoté (de pommes de terre…).

Les famines et les pénuries en Allemagne en 1917 : un hiver de désespoir et de révoltes

En 1916, la guerre de tranchées s'installe. L'Allemagne s'enlise. « Avec le blocus maritime instauré par l'Angleterre, écrit Tristan Landry, le pain est rationné dès février 1915 et toute l'alimentation à l'hiver 1915-1916, avec déjà des rations de famine quand on les obtient, après avoir fait la queue toute la nuit[7]. »

En 1917, la crise alimentaire allemande est sans précédent. Les civils doivent survivre avec des rations de rutabagas et de pommes de terre. Ce qu'on appelle l'« Hiver des rutabagas » (Steckrübenwinter) se caractérise

---

7. *Ibid.*, p. 39.

par une mortalité accrue. Les rues des villes sont envahies par des files interminables de personnes attendant des portions de pain. Les épiceries sont vides, les marchés désertés. Les familles se disputent les dernières miettes de nourriture. Pour des millions de personnes, la faim devient une réalité quotidienne.

En mars, à Kiel, Brême, Hambourg et Nuremberg, des émeutes et des grèves éclatent. Mais c'est en avril, à Berlin et à Leipzig, qu'elles prennent le plus d'ampleur. À Leipzig, dès le 12 avril 1917, des femmes manifestent massivement devant l'hôtel de ville. 16 d'entre elles sont arrêtées. Le 15 avril, plus de 500 ouvriers font de même.

Ce même jour, à Berlin, la réduction de la ration de pain est annoncée par les autorités. Cohen et Siering, deux leaders syndicaux, appellent à la grève dès le lendemain, prenant de court tout le monde. Le 16 avril, le *Vorwärts*, le journal socialiste d'opposition, ne condamne pas cette grève, appelée pour l'amélioration du ravitaillement, mais il met en garde contre « l'espoir fou qu'on pourrait connaître des événements semblables à ceux de Russie » qui risqueraient de « coûter la vie à des centaines de milliers » de soldats.

Le 16 avril au matin, des tracts sont distribués dans toutes les entreprises, et 250 000 ouvriers et ouvrières arrêtent le travail dans plus de 300 entreprises berlinoises. À 15 heures, plus de 10 000 d'entre eux se rassemblent dans les rues et forment des cortèges sur des mots d'ordre divers : certaines réclamations portent sur la politique, mais au centre des préoccupations, il y a le pain. On demande l'augmentation des rations alimentaires et des attributions de charbon pour se chauffer.

Les autorités répriment ces mouvements dans le sang, mais l'agitation sociale continue de croître. Les famines et les pénuries de 1917 ont non seulement causé des souffrances physiques, mais également exacerbé les tensions sociales et politiques. Las de l'effort de guerre et de la misère, galvanisés par la révolution russe de 1917, les ouvriers, les marins et d'autres laissés-pour-compte commencent à rêver de révolutions sociales et politiques.

Soulèvements et faits divers

L'armistice du 11 novembre 1918 débouche sur une accalmie. Mais les conséquences de la guerre sur l'urbanisation et l'économie sont profondes et durables. Autrefois florissantes, les villes ressemblent désormais à des champs de ruines, où les réfugiés cherchent désespérément un toit. Capitale troublée, Berlin est envahie par un peuple exsangue. Les visages sont marqués par les privations, les regards fatigués. Chacun porte en soi le poids des souvenirs et des espoirs brisés.

À la misère des classes les plus pauvres et aux problèmes permanents de pénurie alimentaire, des hommes et des femmes politiques tentent d'apporter des solutions radicales. Ils prônent de nouveau la révolution. Deux événements émergent, le soulèvement spartakiste de janvier 1919, où des membres du Parti communiste allemand (KPD), dirigés par Rosa Luxemburg et Karl Liebknecht, tentent de renverser le gouvernement en place. Puis le Mai sanglant de 1929, connu sous le nom de « Blutmai ». Ce mois-là, des manifestations organisées par le KPD à Berlin dégénèrent en violences. Sous les ordres du chef de la police, les forces de l'ordre ouvrent le feu sur les manifestants, entraînant la mort de 33 personnes.

En marge, l'inconscient collectif allemand est marqué par des faits divers sanglants, significatifs et symboliques. Les mots employés pour décrire les meurtriers et les atrocités empruntent au lexique de l'alimentation, du culinaire et de la boucherie. Fritz Haarmann est le « boucher de Hanovre ». Carl Großmann, surnommé le « Barbe-Bleue de Berlin », tenait un stand de saucisses dans les rues de la capitale, et l'on se demande encore aujourd'hui ce que contenaient ses Würste : de la chair animale ou… humaine ?

Le « Barbe-Bleue de Berlin »

Berlin, 1918. Le jour, Carl Großmann endosse le rôle de l'homme ordinaire, servant des hot-dogs avec un sourire engageant. Les habitants de Berlin se pressent à son stand, attirés par la promesse d'un repas rapide et savoureux. Mais la nuit, lorsque la ville plonge dans le silence, Großmann devient un tueur dans les ruelles sombres autour de la gare de Silésie, la porte pour tous les départs en Europe de l'Est (1882-1950).

Les crimes de Großmann sont d'une brutalité inimaginable. Il attire ses victimes, souvent des femmes vulnérables et désespérées, dans son appartement sordide. Là, derrière des portes closes, il leur ôte la vie avec une cruauté glaciale, souvent en les démembrant, puis utilise, comble de l'horreur, de la « viande » humaine pour son activité de préparateur de saucisses. Mais on se perd en conjectures, la police scientifique, capable de procéder à des analyses ADN, n'existe pas encore.

En août 1921, il est arrêté après que des voisins ont entendu des cris perçants et des coups. Actif entre 1918 et 1921, ce tueur en série aurait assassiné entre 26 et 50 femmes, bien que le nombre exact reste inconnu. Lorsque Großmann est capturé, après une longue enquête, Berlin respire. Jugé et condamné, il se suicide avant d'être exécuté.

Le « boucher de Hanovre »

Né à Hanovre le 25 octobre 1879, Fritz Haarmann vient d'une famille modeste. À 16 ans, il est impliqué dans une affaire de meurtre, mais les accusations n'aboutissent pas. Entre 1918 et 1924, Haarmann perpètre au moins

24 meurtres, ses victimes étant principalement des jeunes garçons. Il utilise ses compétences de boucher pour les écorcher et les démembrer. Ironiquement, il travaille aussi comme indicateur pour la police. Les journaux de l'époque s'emparent de l'affaire avec voracité et goût du macabre.

En juin 1924, son arrestation fait sensation, et son procès, en décembre de la même année, débouche sur une condamnation à mort. Il est exécuté le 15 avril 1925.

Le « vampire de Düsseldorf »

Düsseldorf, fin des années 1920. Une série de crimes est commise par Peter Kürten, natif de Cologne, qui s'installe dans la ville en 1925, après avoir passé huit ans en prison pour l'assassinat d'une jeune fille lors d'un braquage. Ses crimes sordides – il s'attaque à des jeunes femmes et des enfants – marquent profondément l'Allemagne. Le 8 février 1929, il agresse une femme et tue une petite fille de 8 ans. Cinq jours plus tard, il poignarde un mécanicien. Le 21 août, il agresse trois personnes avec un couteau. Le 23, c'est encore deux fillettes qui sont assassinées. En septembre et octobre, il viole deux femmes et commet deux meurtres.

La presse de l'époque fait ses choux gras des horreurs perpétrées et le surnomme le « vampire de Düsseldorf » en raison de ses méthodes de meurtre brutales et sanguinaires. Maléfique, morbide et cathartique, son histoire inspira le réalisateur Fritz Lang pour son magnifique long-métrage, *M le maudit* (1931).

Ces faits divers sanglants révèlent les tensions sous-jacentes et les frustrations accumulées au sein d'une société en crise, qui doit se remettre des séquelles de la Première Guerre mondiale et faire face à des défis économiques écrasants.

Ils mettent en lumière la fragilité de l'ordre social et la précarité de la vie quotidienne, où dans l'ensemble de l'Allemagne, à part quelques exceptions, on a peur, froid et faim.

CHAPITRE 2

De la philosophie du plaisir de la république de Weimar au « Arbeit und Brot » (« Du travail et du pain ») du parti nazi

Malgré les difficultés qui persistent, les inégalités sociales et les tensions politiques qui ne cessent de croître, dans le Berlin des années 1920, c'est soudain la fête proclamée. Des Berlinois tentent d'oublier la Grande Guerre dans l'alcool, le sexe et les plaisirs de repas bien arrosés. Ce que décrit très bien Joseph Kessel dans un célèbre reportage où il infiltre la pègre[1]. Pour ceux qui le peuvent, le divertissement et la table fusionnent. Sortie de la guerre, la capitale voit naître d'innombrables restaurants, cafés-théâtres et cabarets aux décors avant-gardistes et à l'esprit cosmopolite.

À partir de 1925, la ville se redresse peu à peu grâce à une industrie en pleine croissance et un commerce

1. Kessel, Joseph, *Bas fonds de Berlin*, réed. éditions des Portiques, 1934, 224 p.

florissant. Les grands magasins, tels que le KaDeWe, deviennent des symboles de prospérité retrouvée. Les quartiers commerçants, animés et colorés, témoignent d'une reprise économique tangible. Celle-ci propulse Berlin au rang de « ville de loisirs et de distractions », dotée de radios, de cinémas et de phonogrammes qui rythment la vie nocturne et stimulent l'offre culinaire.

Pendant cette brève période de transition où, en réalité, les inégalités sont fortes (une élite en profite tandis que certains quartiers de Berlin s'appauvrissent), une fièvre hédoniste symbolise la soif de liberté et l'essor d'une culture alimentaire inventive, où toute forme de plaisir est célébrée. Les établissements de la capitale rivalisent d'audace : du mythique Romanisches Café, carrefour des intellectuels, aux bistrots proposant des en-cas exotiques, la gastronomie devient un terrain d'expérimentation. Les restaurateurs adoptent des menus inspirés de la cuisine juive, russe ou française, tandis que l'architecture intérieure emprunte aux lignes du Bauhaus et du dadaïsme. Cet éclectisme nourrit un imaginaire collectif où le repas cesse d'être un simple besoin physiologique pour devenir un acte social et politique.

Mais l'ascension du nazisme va marquer la fin de cette brève euphorie. Les idées joyeuses et multiculturelles de la république de Weimar vont tout à coup être taxées de « dégénérescence morale ». Car pour les nazis, les plaisirs sous toutes leurs formes (sexuels, culinaires, etc.) sapent les fondements de la civilisation germanique. Leur idéologie totalitaire illustre la crainte de la vitalité des sens et de la générosité des rencontres. Après une brève période d'épanouissement et d'effervescence, la table allemande va ainsi devenir le reflet d'une « pureté » ethnique imposée, le régime éliminant toute trace de liberté culinaire au profit d'une austérité symbolique.

La république de Weimar (1918-1933), une instabilité politique et économique

En novembre 1918, la monarchie de Guillaume II s'effondre, laissant place à un régime républicain, imprégné d'idéaux démocratiques et de rêves populaires. C'est à Weimar, en 1919, que s'écrit cette nouvelle constitution, un texte fondateur qui établit un système parlementaire bâti sur les principes du suffrage universel, des libertés individuelles et des droits sociaux.

Dès ses débuts, la république de Weimar est fragilisée par les conséquences du traité de Versailles, qui impose à l'Allemagne des réparations financières écrasantes et une perte de territoires. Juste après la guerre, l'économie allemande plonge dans une crise profonde, marquée par l'hyperinflation de 1923, qui réduit à néant l'épargne des citoyens et provoque un mécontentement généralisé. Les conséquences de l'hyperinflation sont dévastatrices : perte de confiance dans la monnaie, appauvrissement de la population, surtout les classes moyennes, et instabilité sociale.

Les tentatives de coups d'État, comme le putsch de Kapp en 1920, qui a bien failli réussir, et le putsch de la Brasserie mené par Adolf Hitler en 1923 à Munich, montrent la fragilité du régime et l'instabilité politique. Malgré les efforts de dirigeants tels que Gustav Stresemann pour stabiliser l'économie et améliorer les relations internationales, la république de Weimar reste une démocratie en sursis, constamment menacée par les forces réactionnaires et radicales.

Mais le problème de Weimar vient aussi de l'intérieur. Comme le souligne l'historien Nicolas Patin, « la république de Weimar a connu à plusieurs reprises des séismes politiques où des membres de tous les partis – sociaux-démocrates, communistes ou conservateurs – étaient compromis dans des détournements de millions de marks, scandales qui ont contribué à miner la république de l'intérieur[2] ».

Les cuisines du Bauhaus

Mais sous Weimar, malgré l'économie et la politique donc constamment vacillantes, on assiste aux avant-gardes d'un point de vue culturel et artistique. Si la majorité des Allemands se débattent encore dans des considérations

2. France Culture, « Approches contemporaines sur la république de Weimar (1919-1933) », 6 novembre 2024.

pragmatiques et des enjeux domestiques, une minorité de cinéastes, d'artistes, d'écrivains, de designers et d'architectes innovent et posent les prémices d'œuvres qui nous paraissent « normales » aujourd'hui.

Les années 1920, les fameuses Années folles, ouvrent ainsi une période d'effervescence culturelle sans précédent à Berlin. Les cabarets, les clubs et les théâtres foisonnent, offrant une échappatoire à une réalité souvent morose. Entre le pont Weidendammer et Hallesches Tor, la grande artère de 3,5 kilomètres, Friedrichstraße, avec ses lumières vives et ses enseignes clignotantes, devient l'épicentre de ce tourbillon nocturne.

On peut imaginer l'atmosphère des cafés littéraires berlinois des années 1920-1930, où l'on croisait des figures emblématiques telles que Stefan Zweig, Alfred Döblin, ou encore Erich Kästner, discutant de leurs dernières œuvres et des événements du monde, y déguster un café, accompagné de délicieuses pâtisseries, l'Apfelstrudel (un gâteau avec une fine pâte à la pomme, noix, amandes, cannelle et raisins secs) ou le Schwarzwälder Kirschtorte (la forêt-noire, une génoise au cacao imbibée de kirsch puis fourrée de crème chantilly et de cerises) à la Romanisches Haus (boiseries sombres, lustres anciens) sur la Auguste-Viktoria-Platz, ou encore y savourer des plats traditionnels allemands comme le Eisbein mit Sauerkraut (jarret de porc juteux et bouilli servi avec de la choucroute) et le Königsberger Klopse (boulettes de viande dans une sauce blanche avec des câpres du nom de Königsberger, une ancienne cité de Prusse) au Café des Westens sur l'avenue Kurfürstendamm, surnommée « Ku'Damm ».

Dans ce bouillonnement fécond, le Bauhaus, né en 1919 et fondé par Walter Gropius, est un mouvement qui bouleverse profondément l'architecture moderne, le design des appartements et des cuisines, ainsi que le design industriel, avec son approche fonctionnaliste et minimaliste, privilégiant des formes épurées, des lignes géométriques simples et l'utilisation de matériaux industriels tels que l'acier, le verre et le béton.

L'innovation majeure du Bauhaus dans le domaine de l'aménagement des cuisines est la cuisine de Francfort (Frankfurter Küche), la première cuisine moderne, conçue en 1926 par Margarete Schütte-Lihotzky[3], une des premières femmes à embrasser une carrière en architecture. En 1926, Margarete Schütte-Lihotzky est invitée par Ernst May, architecte et urbaniste allemand, à rejoindre son équipe. C'est là qu'elle imagine la cuisine de Francfort, un projet avant-gardiste destiné à améliorer la vie quotidienne des habitants des logements sociaux.

---

3. Fille d'un fonctionnaire aux idées libérales, née le 23 janvier 1897 à Vienne, Margarete Schütte-Lihotzky a étudié à l'école d'arts appliqués de Vienne. Sous la direction de maîtres tels qu'Oskar Strnad et Heinrich Tessenow, elle s'est prise de passion pour le design fonctionnel et le sozialer Wohnbau, l'habitat social.

C'est une révolution dans l'aménagement des espaces de vie et dans la place que la fabrication des repas occupe.

Cette cuisine se distingue par sa disposition en L, qui permet un travail efficace en minimisant les déplacements. Des rangements intégrés (étagères, placards, etc.) sont présents pour permettre un accès facile aux ustensiles et aux ingrédients. L'utilisation de matériaux comme le métal et le verre facilite le nettoyage et augmente la durabilité. Le plan de travail ergonomique est optimisé pour réduire la fatigue pendant la préparation des repas, des solutions d'éclairage sont incorporées pour assurer une visibilité optimale des surfaces de travail.

Les principes de la cuisine de Francfort vont avoir une influence considérable sur toutes les cuisines modernes. Margarete Schütte-Lihotzky veut simplifier le travail de la ménagère. Le chef de famille ne va pas jusqu'à préparer les repas, mais l'architecte plante ici les graines d'une « révolution » des rôles dans la famille. La cuisine est désormais accessible à tous les membres de la famille. Et ça, les nazis détestent. Au plus haut point.

Les concepts de la cuisine de Francfort et du Bauhaus se propagent rapidement à travers l'Allemagne et au-delà, influençant de nombreux projets de construction et de design intérieur, notamment le quartier Weißenhofsiedlung à Stuttgart, construit en 1927 pour l'exposition « Le logement » (« Die Wohnung ») organisée par l'Association allemande de l'artisanat Deutscher

Werkbund. L'exposition ayant pour objectif de présenter des solutions modernes pour l'habitat urbain[4].

Lorsque les nationaux-socialistes arrivent au pouvoir, le mouvement Bauhaus, dont le but est de proposer une vision sociale où l'objet du quotidien participe au bien-être collectif, est dissous très vite, dès les premiers mois. La majorité des architectes et designers s'enfuient à l'étranger. D'autres figures traditionalistes, comme le peintre-architecte Paul Schultze-Naumburg, rejoignent le nazisme, voyant dans le modernisme un symptôme de « dégénérescence » culturelle.

La Frankfurter Küche, trop fonctionnelle et détachée de la figure de la « ménagère » confinée à son rôle traditionnel, est tout simplement effacée des programmes de construction et des expositions officielles. Ce rejet n'est pas anodin. La conceptrice de cette cuisine a redessiné, en quelque sorte, la maison allemande, retrace de nouveaux territoires – et qui dit territoire, dit pouvoir.

—

4. Le quartier Weissenhof a été construit en seulement 21 semaines, comprenant 21 bâtiments avec 63 appartements. Plus de 500 000 personnes ont visité l'exposition « Die Wohnung », qui a contribué à la fondation des Congrès internationaux d'architecture moderne (CIAM) et a influencé le développement de l'architecture moderne dans le monde entier. Le quartier Weißenhofsiedlung est aujourd'hui reconnu comme un site du patrimoine mondial de l'Unesco. L'architecte Ludwig Mies van der Rohe a supervisé ce projet et sélectionné les architectes participants. Parmi eux figurent des noms célèbres : Le Corbusier, Hans Scharoun, Bruno et Max Taut, ainsi que Victor Bourgeois. Bâtiments simples et fonctionnels, matériaux modernes comme le béton armé et le verre, solutions pragmatiques avec rangements intégrés.

Or, selon la vision fasciste et réactionnaire du Troisième Reich et de ses adeptes, cette redéfinition des rôles de chacune et chacun est insupportable. Ils y voient un signe de dégénérescence morale, une subversion aux principes universels qui dominent le monde (dans leur conception). La cuisine doit symboliser la place assignée à la femme – mère et gardienne du foyer – et non constituer un espace de travail optimisé.

Si la cuisine de Francfort est bannie par les nazis, alors qu'en fait à cette époque, elle est avant tout conçue comme une pièce fonctionnelle qui fait gagner du temps, c'est que le régime utilise l'architecture comme prolongement de sa politique de régulation des corps et des mœurs. Que ferait une femme de toutes ces minutes gagnées sur la préparation des repas ? Travailler ? Discuter avec des amies ? Prendre du bon temps peut-être ? Les nazis ne souhaitent qu'une chose : que les épouses et mères suent sang et eau, attachées à leurs fourneaux, pour nourrir la progéniture et perpétuer la race « aryenne ».

De Brüning, le « chancelier de la faim », à la formule du parti nazi « Arbeit und Brot »

Depuis 2022, le Musée historique allemand de Berlin présente une exposition inédite sur l'histoire contemporaine allemande depuis 1848, à travers 14 dates clés, 14 basculements historiques. Et si les choses s'étaient déroulées différemment ? Et si, notamment, la politique économique du chancelier Brüning en 1932 avait porté ses fruits ?

Le 28 mars 1930, à Berlin, le maréchal-président Hindenburg appelle Heinrich Brüning, 44 ans, à la chancellerie (la direction du gouvernement). Pendant plus de deux ans, Heinrich Brüning tente de remédier à la nouvelle crise économique venue tout droit des États-Unis. Patriote et célibataire austère, ancien syndicaliste chrétien, membre du Zentrum, le grand parti catholique, ce nouveau chancelier forme un gouvernement de circonstance avec des gens aussi compétents que lui.

La crise qui frappe l'Allemagne est la conséquence du krach d'octobre 1929, car l'Allemagne est liée financièrement aux États-Unis. Dès 1930, à la suite d'une diminution de moitié de la valeur de ses exportations, elle compte 3 millions de chômeurs sur 65 millions d'habitants. En 1932, le nombre double : on passe à 6 millions de chômeurs.

À cause de sa politique d'austérité, Heinrich Brüning est surnommé le « chancelier de la faim ». La république de Weimar apparaît dès lors aux yeux des déshérités comme responsable de tous les maux du pays : le « diktat » de Versailles, les réparations de guerre, le chômage, etc. Brüning a affaibli la démocratie sans pour autant redresser l'économie. Au contraire, il a accru le marasme.

Pourtant, jusqu'à l'automne 1931, il y a un large consensus social et universitaire sur la déflation en Allemagne, pour soutenir les politiques de Brüning. De nombreux experts sont convaincus que l'économie allemande doit subir un processus de « rétrécissement sain » afin de corriger ses problèmes structurels. À leurs yeux, l'élimination des déficiences structurelles est une condition préalable à la reprise économique.

D'ailleurs, différents plans de relance de l'économie sont prévus, avec une réforme du crédit, de grands travaux et du soutien à l'emploi, en particulier dans le secteur de la construction de routes et de l'énergie hydraulique. Un décret du 21 mai 1932, notamment, propose des emplois dans le cadre du Service Volontaire du Travail (Freiwilliger Arbeitsdienst). À l'époque, il y a d'interminables débats pour savoir si ces mesures permettent de mieux faire passer la pilule de l'austérité ou s'il s'agit de vrais emplois.

Quoi qu'il en soit, la politique vigoureusement déflationniste du chancelier Brüning est finalement mal, très mal perçue, jugée responsable de la détérioration de l'économie allemande, de la misère et des pénuries alimentaires. Les Allemands ont l'impression de revivre l'après 1918. Brüning n'a plus la confiance du peuple, qui se méfie de la démocratie, ouvrant un boulevard à Hitler. Le président Paul von Hindenburg le démet de ses fonctions de chancelier le 1er juin 1932.

Aux élections législatives de juillet 1932, Hitler axe son programme sur l'emploi et le pain (Arbeit und Brot). Son projet contient évidemment d'autres mesures, comme la fin de la république de Weimar, l'antiparlementarisme, mais l'emploi et le pain sont au centre du projet du NSDAP (Nationalsozialistische Deutsche Arbeiterpartei), le parti national-socialiste. Hitler se « normalise » lors de cette campagne. Il exalte le retour à une vie meilleure et met l'accent sur son soutien aux agriculteurs. La formule « De l'emploi et du pain » fleurit sur les affiches électorales lors de la campagne, commandées par le parti et signées Rudolf Hess, alors chef de la propagande du NSDAP.

Aussi, ce mois-là, les élections voient le NSDAP émerger comme le parti le plus important en termes de sièges au Reichstag. À la suite de la dissolution provoquée par l'effondrement d'une coalition centriste, il obtient 37 % des voix, ce qui se traduit par 230 sièges sur un total de 608. Bien que cela ne représente pas une majorité absolue, ce résultat marque un tournant significatif dans la politique allemande.

Contrairement à une idée reçue, les chômeurs n'ont pas majoritairement soutenu les nazis. Le parti a principalement bénéficié du soutien des petits propriétaires, des entrepreneurs et des populations rurales. Ces électeurs n'étaient pas ceux qui souffraient directement de la précarité, mais ceux qui en avaient peur. Ce scrutin a été motivé par des considérations économiques, plutôt que par une adhésion idéologique profonde aux doctrines du NSDAP. Et l'ascension d'Hitler n'était pas une fatalité. Les historiens allemands qui épluchent les archives économiques sont de plus en plus nombreux à considérer que la politique de Brüning aurait pu porter ses fruits en le laissant au pouvoir un peu plus longtemps.

Si le NSDAP réalise un moins bon score en novembre qu'en juillet, il arrive tout de même en tête, avec 33,09 % des suffrages, soit 11 737 021 voix. Le discours simpliste d'Hitler séduit un Allemand sur trois. Très probablement parce que ses électeurs avaient en tête la faim endurée durant la Grande Guerre. Hitler évoque lui-même la nécessité qu'il avait de « gagner son pain » lorsqu'il décrit sa propre misère dans le premier chapitre de *Mein Kampf* : « Les maigres ressources de la famille avaient été à peu près épuisées par la grave maladie de ma mère ; la pension d'orphelin qui m'était allouée ne me suffisait pas pour vivre et il me fallait, de quelque manière que ce fût, gagner moi-même mon pain[5]. » Et le futur dictateur, dans le quatrième chapitre du même livre, lie la prospérité agricole à la force d'un peuple : « Le pays doit offrir au peuple la possibilité de garantir sa subsistance quotidienne[6]. »

5. Hitler, Adolf, *Mein Kampf (Mon Combat)*, traduit de l'allemand par Jean Gaudefroy-Demombynes et André Calmettes, Nouvelles éditions latines, 1924 ; La Bibliothèque électronique du Québec, 2008, p. 54.

6. *Ibid.*

Hitler, une réponse au traumatisme de la faim ?

Dès ses débuts, le NSDAP a fait de la peur de la faim le fil rouge de sa critique de la république de Weimar. L'historien canadien Tristan Landry[7] montre que, pour Hitler et ses lieutenants, le traumatisme du blocus allié de 1914-1919 et les disettes de l'après-guerre n'étaient pas de simples souvenirs douloureux, mais un réservoir de ressentiment politique qu'il fallait réactiver à chaque crise économique.

En 1930, alors que la Grande Dépression s'abat sur l'Allemagne, les affiches nazies présentent des familles aux joues creusées, juxtaposant l'image du pain rassis à celle de banquets somptueux organisés par les élites de Weimar. « Vous avez faim pendant qu'ils rient » (« Ihr hungert – sie lachen ») devient le leitmotiv que le parti colle dans les gares et sur les murs des grandes villes.

Dans son programme en 25 points de février 1920, le NSDAP avait inscrit au 7e point la promesse que « l'État s'engage à procurer à tous les citoyens des moyens d'existence » et menaçait d'expulser les non-citoyens si la nation manquait de vivres. Ce lien entre sécurité alimentaire et définition de l'appartenance nationale est central dans leur pensée : il structure la propagande selon laquelle seuls les « Aryens » méritent le droit au pain, tandis que les Juifs et les Slaves sont accusés de voler les réserves du peuple allemand.

---

7. Landry, Tristan, *op. cit.*

Hitler lui-même reprend constamment ce registre de la menace. Lors d'un discours prononcé au Sportpalast de Berlin en janvier 1932, il affirme : « Plus jamais notre peuple ne connaîtra la faim. » Ces mots, comme le souligne Landry[8], ne sont pas un simple slogan, ils comportent un message politique selon lequel la prospérité allemande doit passer par une « autarcie nourricière » et par la conquête de l'Est pour l'approvisionnement en blé et en graisse animale. Joseph Goebbels, dans ses journaux intimes, commente chaque baisse du prix du pain comme une victoire idéologique : c'est un « symbole tangible de la renaissance nationale », écrit-il en mars 1932.

Les déplacements d'Hitler pendant la campagne électorale de 1932 sont des mises en scène minutieusement orchestrées. En Poméranie[9], il visite des fermes sinistrées, discute avec des paysans rassemblés autour d'un maigre bouillon et déclare devant leurs toits à moitié effondrés : « Je connais votre faim ; j'ai promis de l'éradiquer. » À chaque étape, des photographes nazis immortalisent ces moments de communion populaire. Les clichés circulent ensuite dans les tracts du parti, opposant la terreur de la disette au projet d'un Reich

---

8. LANDRY, Tristan, « "In der Not frißt der Teufel Fliegen" : Hitler, homnivore », *Food and History*, vol. 11, n° 1, Brepols, 2013, p. 177-202.

9. La Poméranie (en allemand : Pommern) est une région historique située au sud de la mer Baltique, aujourd'hui partagée entre le nord-est de l'Allemagne et le nord-ouest de la Pologne. Elle s'étend des rives de la rivière Recknitz à l'ouest jusqu'à la Vistule à l'est.

« nourricier et puissant », capable de concilier beurre et canons, sans sacrifier le peuple à l'arme économique ou militaire. Cette instrumentalisation de la peur de la faim est, pour Landry, un élément clé de la stratégie nazie : en la mobilisant, Hitler gomme les divisions sociales et redéfinit l'ennemi – ceux qui « mangent le pain de notre peuple » – comme l'incarnation de la décadence républicaine, avant de faire de cette même peur un prétexte à l'agression et à la guerre.

Désormais, pour son projet d'édification de la société nationale-socialiste, le dictateur va donc s'appliquer à ce que tous les Allemands puissent manger à leur faim tout en préparant la guerre. L'association de deux besoins fondamentaux : la subsistance (le pain) et la puissance militaire (les armes). Brot und Waffen.

Ce qu'il reste de la république de Weimar

Aujourd'hui, pour percevoir les traces du Berlin flamboyant des années 1920, cette cité vibrante qui brûlait la vie par les deux bouts, oubliant dans les cabarets, le cinéma, les arts, l'alcool, le sexe, la drogue, les pénuries alimentaires et l'humiliation de la défaite de 1918, il faut un guide et aller fouiller dans les musées. Ce Berlin des Années folles n'existe plus. Il est confiné dans des musées, des œuvres d'art, des tableaux, des photos et des films. Quelques guides, bons connaisseurs de la topographie berlinoise, le font revivre.

Les bombes alliées, en particulier celles de mai 1945, ont détruit ce Berlin, cité-État de 5 millions de personnes au début du xxe siècle. Mais Hitler a aussi profondément modifié la ville en effaçant les traces de la république de Weimar tant honnie, considérée comme dégénérée. Pour le Führer et son architecte Albert Speer, il fallait détruire cet ancien monde pour construire leur projet fou, hégémonique, Welthauptstadt Germania. Transformer Berlin en capitale mondiale allemande.

Début 1933, très vite, Hitler a commencé par détruire l'Institut de recherche sur la biologie sexuelle et la contraception à Berlin. Dirigé par le Dr Magnus Hirschfeld, cet institut était un centre de recherche pionnier sur la sexualité humaine et la santé reproductive. Pour les nazis, l'horreur absolue. La décadence totale. Puis le dictateur a ordonné la démolition de bâtiments néoclassiques autour du Reichstag : le palais Radziwill, édifice néobaroque, le palais des Princes de Prusse, autre bâtisse historique, le palais du Prince Albrecht et le palais Schulenburg, pâtisserie baroque. Les nazis ont mutilé la capitale. Avec rage et détermination.

« Le seul bâtiment néoclassique qui reste à Mitte, c'est l'ambassade de Suisse », explique Christophe Bourdoiseau[10], correspondant de *Libération* à Berlin, curieux professionnel, organisateur de balades thématiques. Derrière lui

---

10. Entretien avec l'auteur à Berlin, février 2025.

se dresse, en effet, un édifice néoclassique, qui semble isolé dans un *no man's land*, où émergent quand même aujourd'hui le Bundestag, des bureaux et la Chancellerie. « Il faut comprendre qu'ici les nazis ont tout détruit, très vite, sauf l'ambassade de Suisse, et que ces terrains ont été vides et abandonnés jusqu'après la réunification allemande dans les années 1990. » Christophe Bourdoiseau a eu l'occasion de pénétrer dans l'ambassade helvétique, le temps d'un apéritif dînatoire : « Un voyage dans le temps. C'est l'un des rares endroits où l'on voit et l'on hume l'atmosphère de ces années 1920-1930, avec ses boiseries, ses meubles riches et ses serveurs en livrée. C'est étonnant. »

PARTIE II

L'ALIMENTATION, LA BASE DE L'IDÉOLOGIE NAZIE

CHAPITRE 1

Une idéologie du sol et du sang

Dix ans après le putsch de la brasserie de Munich[1], le 30 janvier 1933, le président Paul von Hindenburg nomme Hitler chancelier de l'Allemagne. C'est le début de son ascension fulgurante vers la dictature. En quelques mois, Hitler consolide son pouvoir, élimine ses opposants

1. En cette froide soirée du 8 novembre 1923, la Bürgerbräukeller, brasserie emblématique de Munich, est en effervescence. Adolf Hitler, un agitateur politique encore méconnu en dehors de la Bavière, à la tête d'un petit parti extrémiste, le NSDAP, se prépare à marquer l'histoire. La Bürgerbräukeller, où se tient ce soir-là une réunion des principaux dirigeants bavarois, est le théâtre choisi pour son coup d'État. La brasserie est bondée. Trois mille bourgeois munichois écoutent attentivement les discours de Gustav von Kahr, commissaire d'État, du général Otto von Lossow, commandant de la Reichswehr, et du colonel Hans von Seisser, chef de la police. Soudain, la porte s'ouvre avec fracas. Hitler, accompagné de ses fidèles, fait irruption, revolver au poing. Il monte sur l'estrade et, sous la menace, entraîne les dirigeants bavarois dans une arrière-salle. Là, il leur intime l'ordre de lui céder le pouvoir. Mais les politiciens bavarois, rompus aux manœuvres, feignent de céder avant de s'éclipser discrètement. Déconfit, Hitler tente de reprendre l'initiative à l'aube en s'emparant du ministère de la Guerre. Mais la police, fidèle au gouvernement, barre la route à ses partisans. La confrontation tourne court. Seize nazis et quatre policiers perdent la vie dans l'affrontement. Hitler est emprisonné.

politiques et transforme la république de Weimar en un régime totalitaire. La terreur et la propagande deviennent les instruments d'un pouvoir sans partage. Et au cœur du nazisme, il y a l'idéologie du Blut und Boden, littéralement « sang et sol », l'une des pierres angulaires de la pensée nationale-socialiste.

L'idéologie fasciste nazie se structure avant tout autour de cette idée d'un lien organique entre le sang et la terre. Cela distingue foncièrement ce totalitarisme des autres. Il érige la « pureté raciale » comme condition d'accès au terroir et associe profondément l'appartenance nationale à la possession d'un sol à défricher, à cultiver et à défendre. Hitler et ses théoriciens font de l'alimentation un outil de purification.

Cette idéologie, comme on l'a vu, se développe dans un contexte de crise économique et sociale profonde. La Grande Dépression des années 1930 a plongé le pays dans une misère noire, avec des millions de chômeurs et une agriculture en déclin. Les nazis exploitent habilement cette situation pour promouvoir leur vision d'un peuple autosuffisant, où la paysannerie jouerait un rôle central. Car ils voient dans celle-ci la gardienne des valeurs traditionnelles et de l'identité nationale, en contraste avec la corruption et la décadence des villes.

Lors de la campagne électorale de 1932, ils mettent ainsi l'accent sur cette nécessité de soutenir l'agriculture et de revitaliser les zones rurales. Ils promettent de redistribuer les terres aux paysans, de les protéger contre les fluctuations du marché et de moderniser les techniques agricoles. Cette politique doit créer une classe paysanne forte et loyale, servant de base à l'expansion territoriale du pays.

Car la question de l'espace vital (Lebensraum) est également centrale dans l'idéologie du Sang et du Sol, Blut und Boden. Hitler prône l'expansion vers l'est, aux dépens des peuples slaves, pour garantir des terres et des ressources à la population allemande en pleine croissance. Cette vision impérialiste justifie les conquêtes militaires et les déplacements forcés de populations, au nom de la survie et de la grandeur de la « race aryenne ».

Dès lors, l'idéologie du Blut und Boden trouve un écho particulier dans les campagnes allemandes, où l'on voit en Hitler un sauveur capable de redresser l'économie rurale et de restaurer la fierté nationale. La propagande nazie, redoutablement efficace, utilise des images de paysans robustes et de paysages idylliques pour véhiculer ce message. Les fêtes et les cérémonies rurales, comme les récoltes et les moissons, sont mises en scène pour renforcer le lien entre le peuple et la terre.

Les théoriciens du Blut und Boden

Le grand « penseur » du Sang et du Sol s'appelle Richard Walther Darré. Fidèle parmi les fidèles d'Hitler, il reste ministre de l'Alimentation et de l'Agriculture jusqu'en 1942. Souvent dépréciée, son influence fut tout de même considérable. Dans ses écrits, Darré prône un retour aux valeurs ancestrales et une revitalisation des campagnes. Ses déclarations résonnent avec une simplicité terrible : « Nous voulons que le sang et le sol constituent à nouveau le fondement de la politique agricole allemande[2]. »

Né à Buenos Aires en 1895 d'un père allemand et d'une mère germano-suédoise, le jeune Darré grandit dans une famille bourgeoise de la capitale argentine, où son père, directeur d'une entreprise d'import-export, gère des affaires prospères. Cependant, son enfance est marquée par les tensions familiales, les infidélités de son père et une mère dominatrice. Malgré ces difficultés, il reçoit une éducation de qualité et maîtrise plusieurs langues, notamment l'allemand, l'espagnol, le français et l'anglais.

À 9 ans, il est envoyé en Allemagne pour poursuivre ses études – un moment déterminant pour sa future carrière. Il fréquente diverses écoles prestigieuses, mais c'est à l'école coloniale allemande de Witzenhausen qu'il développe un intérêt profond pour l'agriculture. La Première Guerre mondiale interrompt son cursus, et Darré se porte volontaire pour combattre au front. Blessé à plusieurs reprises, il retourne en Allemagne après la guerre et reprend ses études d'agronomie à l'université de Halle.

---

2. Walther Darré, *La Race, nouvelle noblesse du sang et du sol*, traduit de l'allemand par Pierre Mélon et Arthur Pfannstiel, F. Sorlot, 1939.

Durant cette période, Darré commence à élaborer ses théories sur le rôle central de la paysannerie dans la préservation de la « race aryenne ». Il est convaincu que les paysans allemands sont les gardiens de la pureté raciale et que leur lien avec la terre est sacré. Ces idées prennent forme dans un premier livre en 1928, *Das Bauerntum als Lebensquell der Nordischen Rasse* (*La Paysannerie en tant que source de vie de la race nordique*), qui attire l'attention des dirigeants nazis. Ce texte devient une pierre angulaire du fatras idéologique du parti.

Dans cet ouvrage, Darré se propose de retracer l'origine « altgermanique » du peuple nordique, qu'il identifie à un « mélange héroïque » de guerriers et de cultivateurs. Il y décrit la ferme paysanne comme une « cellule vivante » du corps social (Volkskörper), seule capable de maintenir la vigueur transmise par des lignées pures. À travers 500 pages d'exégèse historique et d'arguments biologiques, il oppose la stabilité héréditaire des exploitations familiales germaniques à l'instabilité caractéristique, selon lui, des ruraux slaves : là-bas, affirme-t-il, la paysannerie n'a jamais atteint la profondeur génétique ni la permanence sociale des fermes du nord de l'Allemagne. Le « peuple germain » que Darré exalte se définit par une sélection mythique des tribus nordiques : Goths, Vandales, Saxons, tous réputés pour leur sang pur, leur discipline et leur attachement à la terre.

Ces traits vont servir de justification aux politiques nazies : les Allemands vont être présentés comme les seuls porteurs d'une « culture agricole supérieure », tandis que les Slaves et les Juifs, qualifiés de « parasites agronomiques », se voient dénier tout droit à la terre et à une nutrition décente. Cette hiérarchie des peuples s'inscrit dans un continuum raciste : il faut d'abord nourrir les Germains, puis les autres Aryens, tandis que les « races inférieures » sont condamnées à l'exclusion, voire à la disparition, en les affamant ou en les éliminant.

En 1934, Darré publie également *Neuadel aus Blut und Boden* (*La Race, nouvelle noblesse du sang et du sol*). Cet ouvrage constitue, avec le précédent, le fondement de son projet.

Philosophiquement, il s'inscrit dans le courant *völkisch*, dont il a fréquenté la Ligue Artam, groupe de jeunesse prônant ce retour à la terre. Influencé par les théories raciales de Hans F. K. Günther, il postule que « l'unité du sang et du sol est le seul gage de la survie de la race aryenne[3] ». Pour lui, comme pour nombre de romantiques nationaux-socialistes, la décadence allemande est née d'un déracinement urbain et industriel trop poussé.

Seul un peuple fermier, lié à son terroir, peut recouvrer la vigueur ancestrale et accomplir la mission historique des Germains : protéger la race face à la mondialisation et aux « ploutocraties étrangères ». Darré consacre un temps

---

3. Günther, Hans F. K., *Rassenkunde des deutschen Volkes*, J.F. Lehmann, 1930.

fou à démontrer que l'« ascension » des classes rurales vers une condition de « nouveau baron » repose sur la capacité à transmettre un héritage biologique et matériel intact. Il y fixe aussi les modalités de constitution d'une élite agraire « aryenne », détentrice du pouvoir foncier et culturel.

Il partage cette vision du monde avec d'autres théoriciens tels qu'Oswald Spengler et August Winnig. C'est Spengler, dans son livre *Le Déclin de l'Occident*, qui introduit le premier l'expression « Blut und Boden », la liant à une vision cyclique de la montée et de la chute des civilisations. Pour lui, seule une connexion profonde avec le sol peut garantir la pérennité d'une culture.

Quand le Blut und Boden devient un instrument politique et de terreur

La mise au point de ces thèses coïncide avec l'ascension politique de Walther Darré. En 1925, il rejoint le parti nazi, dans lequel il trouve un terrain fertile pour ses idées. Son charisme et son éloquence lui permettent de gravir rapidement les échelons de l'organisation politique. En 1931, il devient « chef des paysans du Reich » (Reichsbauernführer) au sein du NSDAP, puis, en juin 1933, ministre de l'Alimentation et de l'Agriculture. À ce titre, il fusionne les organisations paysannes dans l'Office du ravitaillement du Reich (Reichsnährstand) et instaure la loi d'août 1933 sur la ferme héréditaire

(Erbhofgesetz), une mesure destinée à limiter la fragmentation des terres et à assurer une stabilité apparente. Cette loi, loin d'être purement économique, a une dimension idéologique forte : elle lie les paysans à leur sol de manière presque féodale, consolidant ainsi le pouvoir nazi dans les régions rurales. Darré fait de l'agriculture un instrument politique totalitaire, fondé sur l'exclusion des « intrus » du marché national et la protection des seuls « paysans aryens ».

Les théories de Darré sont ainsi transformées en lois, et l'idéologie Blut und Boden se consolide dans la réalité juridique du Reich. Ses ouvrages demeurent la référence idéologique de toutes les réformes agraires nazies, donnant à l'agriculture allemande une double vocation : nourrir le peuple germain et pérenniser la « race nordique ».

Au sommet du parti, Darré jouit d'appuis solides : Hitler voit en lui l'artisan d'une politique paysanne capable de rallier les campagnes, et Paul Schultze-Naumburg[4], un artiste nationaliste influent, lui ouvre les cercles conservateurs.

---

4. Paul Schultze-Naumburg est né le 10 juin 1869 à Almrich (aujourd'hui partie de Naumbourg, Saxe) et est décédé le 19 mai 1949 à Iéna. Architecte, peintre et théoricien de l'art, il a été l'une des figures majeures de l'Allemagne wilhelminienne avant de rejoindre le nazisme. Membre du parti nazi, il intègre en 1930 le Kampfbund deutscher Architekten und Ingenieure, organe de propagande pour l'architecture national-socialiste. Il figure également sur la Gottbegnadeten-Liste recensant les artistes jugés indispensables au régime.

Il incite Heinrich Himmler à valoriser l'agriculture dans la SS : « Darré influença fortement le Reichsführer-SS dans son entreprise de créer une aristocratie raciale fondée sur la reproduction sélective », note Franz Seidler[5]. Usant de son influence, il place ses partisans à la tête des chambres d'agriculture et veille à ce que seules les « propriétés héréditaires aryennes » restent transmissibles, excluant définitivement les Juifs et les Polonais du tissu rural allemand. En associant étroitement le sang à la terre, Darré ne se contente donc pas de forger un mythe : il bâtit une politique de privation nutritionnelle et d'appropriation territoriale qui préfigure le Plan de la faim (Hungerplan) et l'espace vital (Lebensraum). Ses discours montrent combien la diététique et la possession du terroir avaient vocation à devenir des leviers de domination totale et de purification raciale.

Darré réussit à gagner l'appui de nombreux paysans, séduits par sa rhétorique et les garanties de prospérité, même si ses promesses de réforme agraire ne sont pas entièrement tenues. Les immenses domaines des junkers, situés à l'est de l'Elbe, ne sont pas démantelés, et la distribution des terres reste inégale.

Étonnamment, en dépit de ses succès initiaux, Darré commence à perdre de l'influence au sein du régime nazi

---

5. SEIDLER, Franz W., « Der Reichsführer-SS und seine Blut-und-Boden-Ideologen », in *Adolf Hitler und das SS-Führerkorps*, Scherz Verlag, 1988, p. 124.

lorsque la guerre éclate. Ses idées sont parfois considérées comme trop radicales, même pour ses collègues du parti. En 1942, il est écarté de ses fonctions ministérielles et remplacé par Herbert Backe, plus en phase avec les ambitions expansionnistes du Troisième Reich.

Après la guerre, l'ingénieur agronome est jugé et condamné pour crimes de guerre lors du procès des Ministères. Il passe plusieurs années en prison avant d'être libéré en 1950. Richard Walther Darré meurt en 1953 à Munich, laissant derrière lui un héritage controversé et une idéologie radicale qui ont profondément marqué l'histoire du fascisme.

CHAPITRE 2

Une idéologie du contrôle et de la pureté

En entrant dans la brasserie Bürgerbräukeller aujourd'hui, on est frappé par l'atmosphère chaleureuse et conviviale qui règne dans ce lieu historique. La carte propose un large choix de bières traditionnelles, ainsi que des plats typiquement bavarois, comme le Schweinshaxe, les Weißwürste, et les Käsespätzle. Pourtant, derrière les rires et les conversations animées, subsistent les traces d'un passé sombre. C'est ici, dans cette même salle, que le putsch d'Hitler a eu lieu en 1923. Les murs de la Bürgerbräukeller portent encore les marques de cet événement tragique, rappelant aux visiteurs l'histoire tumultueuse de Munich[1].

1. Le siège du parti nazi, quant à lui, n'existe plus. La Maison brune, autrefois quartier général du NSDAP, a été détruite pendant la Seconde Guerre mondiale et remplacée par le Centre de documentation sur l'histoire du national-socialisme. Ce centre, inauguré en 2015, se consacre à la préservation de la mémoire des crimes nazis et à l'éducation des générations futures.

La cuisine des brasseries munichoises reste fidèle à ses racines bavaroises, avec des plats copieux et réconfortants. Les spécialités incluent des saucisses de toutes sortes, comme les célèbres Weißwürste, des saucisses blanches servies avec de la moutarde douce et des bretzels. Les jarrets de porc rôtis, accompagnés de choucroute ou de pommes de terre, sont également très appréciés. Les soupes épaisses, comme la Gulaschsuppe (soupe de goulasch) et les plats à base de fromage, tels que l'Obatzda (mélange de fromage de brie, de beurre et de bière), réchauffent les cœurs et les corps. On est loin de l'austérité culinaire prônée par l'idéologie d'Hitler, de la frugalité qui induit le contrôle du corps !

Santé, contrôle, pureté sont les maîtres mots de la psychologie du parti nazi. Le régime du Troisième Reich accorde à l'alimentation une fonction politique et « raciale », visant à atteindre la « pureté » du peuple et à renforcer sa santé physique. Il relie aussi étroitement santé individuelle et force militaire. Dans leur idéologie, chaque citoyen est un rouage du corps social germanique[2] et un soldat potentiel. Dès lors, la nourriture doit servir avant tout la préparation à la guerre, et l'accent est mis sur la capacité des individus à fournir un effort au profit de l'État, non sur le plaisir gustatif.

2. Weinreb, Alice, *Modern Hungers: Food and Power in Twentieth-Century Germany*, Oxford University Press, 2017.

En ce sens, le ministère de l'Alimentation et de l'Agriculture encourage la consommation de denrées peu coûteuses et riches en calories : pommes de terre, pain complet, légumineuses. Les aliments jugés « luxueux » (pain blanc, viande, beurre, café, agrumes) sont bannis au nom d'une expression propre aux dictatures, la « liberté nutritionnelle » – qui signifie exactement le contraire de ce qu'elle affirme puisque les Allemands n'ont pas le choix –, et de l'autarcie calorique. L'objectif est de garantir un apport énergétique stable, même au prix d'un régime monotone et frugal[3].

La croisade anti-tabac des nazis : entre hygiénisme et contradictions

Ainsi qu'on l'a évoqué, le nazisme envisage la « communauté du peuple » (Volksgemeinschaft) comme un corps social organique dont chaque membre doit être sain et « purement » allemand. La protection de la santé publique[4] agit en ce sens et sert les buts conquérants de l'État. Dès lors, dans cette quête d'une société débarrassée des éléments qui la « souillent », le régime instaure dès 1933 la loi de stérilisation obligatoire (Gesetz zur Verhütung erbkranken Nachwuchses) : près de 400 000 Allemands subissent une opération forcée au nom de la défense de

---

3. Cole, Mark B., *Feeding the Volk: Food, Culture, and the Politics of Nazi Consumption, 1933-1945*, thèse de doctorat, université de Floride, 2011.

4. *Public Health under the Third Reich*, USHMM Perspectives, United States Holocaust Memorial Museum, 2018.

la « pureté génétique ». Les « tribunaux de santé héréditaire » jugent des individus sur la base de diagnostics très larges (schizophrénie, retard mental, alcoolisme chronique…), et les médecins deviennent juges et exécutants de cette politique coercitive.

Dans ce contexte où la santé publique est, comme le reste, sous contrôle, les nazis mènent une véritable guerre contre le tabac. Un produit largement consommé dans le pays, notamment lors des repas ou pour se détendre.

Cette lutte, bien qu'amplifiée sous le Troisième Reich, ne trouve pas son origine dans l'idéologie nazie : elle s'inscrit dans une tradition de recherches scientifiques et de préoccupations hygiénistes déjà bien ancrées en Allemagne. Lorsque les nazis arrivent au pouvoir en janvier 1933, le pays est à la pointe des recherches sur les effets du tabac sur la santé publique. Contrairement à une idée reçue qui attribue aux scientifiques américains et britanniques la découverte du lien entre le tabac et le cancer du poumon dans les années 1950, c'est en Allemagne, dans les années 1930, que ce lien a été établi. C'est également à cette époque que le terme de « tabagisme passif » (*Passivrauchen*) fait son apparition, soulignant les dangers pour les non-fumeurs exposés à la fumée.

Le régime nazi, soucieux de promouvoir une vision hygiéniste de la société, finance des études épidémiologiques sur les effets délétères de cette plante qui se fume. En 1941, Adolf Hitler soutient personnellement la création de l'Institut pour la recherche sur les dangers du tabac (Wissenschaftliches Institut zur Erforschung der Tabakgefahren) à l'université d'Iéna, dirigé par Karl Astel. Cet institut devient le fer de lance de la lutte contre le tabagisme en Allemagne.

Les nazis mettent aussi en place une série de mesures pour en limiter la consommation : interdiction de fumer dans les tramways, les bus et les métros ; promotion de l'éducation pour la santé, notamment à travers des campagnes de sensibilisation ; limitation des rations de cigarettes pour les soldats de la Wehrmacht ; organisation de conférences médicales pour informer les soldats des dangers encourus ; augmentation des taxes sur les cigarettes, les cigares et autres produits dérivés.

Cependant, cette croisade anti-tabac est marquée par des contradictions flagrantes. Si Hitler, fervent non-fumeur, incarne cette lutte, de nombreux dignitaires nazis, comme Hermann Göring ou Martin Bormann, continuent de fumer, parfois de manière ostentatoire. Les photographies de l'époque montrent ces figures de pouvoir avec une cigarette à la main, révélant un décalage entre le discours officiel et les pratiques personnelles.

D'une manière générale, le régime cherche à renforcer l'image d'une société disciplinée et en parfaite condition physique, conforme à ses idéaux raciaux et hygiénistes. Pour façonner « le corps du peuple », il combine ces campagnes anti-tabac/anti-alcool avec une promotion de l'athlétisme ou de la gymnastique. Les organisations de jeunesse (Hitlerjugend, Bund Deutscher Mädel) pratiquent des exercices collectifs quotidiens pour préparer les futurs soldats et mères à leur rôle.

Recherches médicales et obsession du contrôle du corps

Le nazisme se fonde sur l'idée d'un État totalitaire où le parti exerce une emprise absolue sur tous les aspects de la vie publique et privée (politique, justice, médias, culture, économie, industrie, jeunesse, éducation, vie privée et jeunesse, langage, et même pensée individuelle), afin de créer une « communauté nationale » unie derrière Hitler.

Il élabore une conception naturaliste du monde qui place la « nature » au-dessus de toute norme humaine et sociale. Pour les idéologues du régime, la nature n'est pas un simple décor, mais la source unique de la moralité et de la vérité : tout ce qui existe dans la nature profonde du peuple est jugé légitime, tandis que tout ce qui en dévie est suspecté d'aliénation et de dégénérescence. Dans cette perspective, la notion de « naturel » appliquée à l'alimentation se confond avec ce qui émane directement du sol germanique et du sang racial. Céréales complètes, légumes locaux et lignes de production paysannes anciennes incarnent les aliments authentiques, ceux qui réenracinent le corps et l'esprit dans la communauté aryenne.

À l'inverse, l'« artificiel » est perçu comme l'œuvre d'une civilisation décadente et cosmopolite, symbolisée par le sucre raffiné, le café importé, les conserves et tous les produits issus de l'industrie chimique. Ces succédanés modernes sont stigmatisés comme toxiques pour le sang germanique : ils troublent le lien organique entre l'homme et son terroir, affaiblissent la race par des substances « étrangères » et créent une dépendance aux marchés extérieurs, donc aux ennemis du Reich. L'hostilité à l'artifice agroalimentaire s'inscrit dans la campagne plus large du régime contre le « parasite » urbain et le cosmopolitisme juif, jugé vecteur de déchéance culturelle et biologique.

Les nationaux-socialistes font ainsi la promotion des pratiques comme la médecine alimentaire, qui met l'accent sur les bienfaits des aliments naturels pour prévenir les maladies. À l'inverse, ils rejettent les vaccins, qu'ils considèrent comme une intervention artificielle dans le corps humain.

Sous le Troisième Reich, la médecine alimentaire n'est pas simplement une branche de la nutrition, mais un véritable outil politique et social. Elle vise à améliorer la santé et la productivité de la population allemande, tout en soutenant l'autosuffisance alimentaire et l'eugénisme. Cependant, ces mesures ne s'appliquent qu'aux citoyens considérés comme appartenant à la « race aryenne ». Les minorités et les groupes marginalisés sont exclus de ces programmes, et certains subissent des restrictions alimentaires délibérées.

Dans leur croisade de « pureté », les nazis font feu de tout bois et créent des centres de recherche scientifique liés à l'alimentation et à l'agriculture. Contrairement à une idée souvent répandue, il n'existe pas de trace d'un Institut de recherche en nutrition créé à Potsdam en 1940 par les autorités nazies sous ce nom précis. En réalité, la recherche nutritionnelle du Troisième Reich est structurée autrement. Au lieu d'instituts dédiés dans chaque ville, la politique sanitaire et alimentaire relève du ministère de l'Alimentation et de l'Agriculture du Reich (Reichsministerium für Ernährung und Landwirtschaft) et du Conseil de recherche du Reich (Reichsforschungsrat[5]). Ces instances financent des laboratoires universitaires, notamment à Berlin, Munich et Weende, pour optimiser les rations de guerre, garantir l'autosuffisance agricole et maintenir la main-d'œuvre au front et à l'arrière.

—

5. Le Reichsforschungsrat (RFR) fut créé en 1937 pour centraliser et planifier les recherches scientifiques allemandes au service de la préparation à la guerre. De 1937 à 1940, le RFR fut officiellement présidé par le général Karl Becker, chef du Heereswaffenamt (l'Office des armes de l'armée de terre). À son décès en décembre 1940, Bernhard Rust, ministre de la Science et de l'Éducation du Reich, reprit la présidence formelle. En réalité, la direction opérationnelle revint à Rudolf Mentzel, président de la Fondation allemande pour la recherche (Deutsche Forschungsgemeinschaft – DFG). Ses prérogatives ? Planification centrale des recherches fondamentales et appliquées, hors aéronautique (qui relevait du ministère de l'Air et de Hermann Göring).

Dans son livre, *Du beurre ou des canons*, Tristan Landry montre que le régime nazi met en place un barème rigoureux de rationnement calorique fondé sur l'âge, le sexe et l'intensité de l'activité professionnelle. Les ouvriers les plus exposés physiquement – tels les mineurs ou les travailleurs de l'armement – bénéficient de rations quotidiennes pouvant atteindre 3 500 kilocalories, tandis que les salariés de bureau sont limités à 2 500 kilocalories par jour. Le chercheur précise que les femmes, considérées avant tout comme mères potentielles et gardiennes de la santé raciale, voient leurs rations plafonnées autour de 2 200 kilocalories. On attribue aux adolescents, le vivier futur de la Wehrmacht, 2 000 kilocalories, et aux personnes âgées autour de 1 800 kilocalories, chiffres tirés des directives du ministère de l'Alimentation établi dès 1933.

Ces barèmes ne sont pas immuables : en période de pénurie, le régime recourt à la même formule – nombre de personnes à nourrir × niveau de vie – pour réduire les rations des catégories jugées moins « utiles » à l'effort de guerre (malades chroniques, vieillards, Juifs, prisonniers). Landry souligne comment cette logique froide et mécanique est un instrument de sélection sociale et raciale, qui prépare autant la population allemande à l'autarcie qu'elle légitime les politiques d'élimination des « indésirables ».

Toujours dans l'idée d'un apport calorique suffisant et d'un peuple « en action et en bonne santé » pour mener la guerre, des recherches sur les vitamines sont menées. Carl Arthur Scheunert, vétérinaire physiologiste et pionnier allemand des travaux scientifiques sur les vitamines, supervise de 1938 à 1943 une série d'expériences humaines menées par son collaborateur Karl-Heinz Wagner au pénitencier de Waldheim[6]. L'objectif affiché de ces études est de déterminer, avec précision, les apports vitaminiques minimaux nécessaires pour prévenir les états d'avitaminose (manque de vitamines) les plus courants. Ces travaux s'inscrivent dans le contexte du plan quadriennal nazi, qui fait de l'optimisation nutritionnelle une priorité stratégique pour l'effort de guerre.

Pour mettre en évidence les paliers de carence, Wagner induit chez les détenus un déficit progressif en vitamines, principalement A et B1, en contrôlant étroitement leur ration alimentaire et en remplaçant certains composants par des ersatz dépourvus de ces micronutriments. Les participants, privés d'aliments riches en vitamines, sont soumis à des examens cliniques réguliers : mesure de la vision crépusculaire, tests neurologiques et analyses biochimiques urinaires pour quantifier l'excrétion de vitamines. Une fois les premiers signes de carence apparus, ces médecins réintroduisent progressivement le facteur étudié afin de déterminer la dose minimale corrective.

---

6. Joost, Hans-Georg, « Carl Arthur Scheunert's experiments on human nutrition, 1938-1943: Boundary transgressions of a scientist under National Socialism », *Medizinhistorisches Journal*, vol. 47, n° 4, 2012, p. 296-334.

Sur le plan scientifique, les résultats publiés par Wagner en 1940 établissent les doses quotidiennes optimales de vitamine A pour un adulte et de vitamine B1, chiffres très proches des recommandations internationales de l'époque. Ces conclusions contribuent à la mise au point de programmes qui visent à incorporer plus de vitamines dans les denrées stratégiques (margarine, pain complet) et font l'objet de mémorandums au ministère de l'Alimentation du Reich. Toutefois, malgré l'absence apparente de décès ou de séquelles permanentes, ces expérimentations sont vite dénoncées, même après-guerre, comme des « transgressions éthiques » en raison de l'absence de consentement libre des détenus et de la dégradation volontaire de leur état de santé préexistant.

L'historien Hans-Georg Joost[7] a mené une évaluation rétrospective de ces recherches sur les vitamines. Il souligne que, si les protocoles respectaient partiellement les normes scientifiques de l'époque (documentation rigoureuse, suivi médical), ils constituent un cas de dérive éthique sous régime totalitaire. Le recours à une population captive, l'exploitation d'un contexte carcéral dégradé et l'instrumentalisation du savoir nutritionnel au service d'une idéologie raciale illustrent comment la recherche sur l'homme peut basculer dès lors qu'elle est placée sous la tutelle d'un pouvoir politique autoritaire.

---

7. *Ibid.*

Les nazis, adeptes du bio ?

Le nazisme n'a jamais conçu un « programme bio » au sens moderne du terme ; en revanche, aussi surprenant que cela puisse paraître, il a coopté à partir de l'été 1933 le mouvement d'agriculture biodynamique fondé par Rudolf Steiner en 1924, jugé compatible avec l'ambition d'autarcie et de retour à la terre portée par le parti.

La pensée biodynamique de Rudolf Steiner et la « loi du sang » nazie partagent la même vision organique et cosmique de la nature, mais elles se différencient profondément par leurs finalités. Dès son *Cours aux agriculteurs* donné en 1924, Rudolf Steiner présente la ferme comme un organisme vivant, animé par des forces à la fois terrestres et cosmiques : le sol est comparé au diaphragme d'un être humain, l'air et la lumière agissent comme son système digestif, tandis que les planètes, à travers leurs rythmes, façonnent les formes végétales. Cette approche globale, dite holistique, empreinte de spiritualité, vise à rétablir l'équilibre du terroir et à développer une agriculture régénérative, fondée sur une connaissance qualitative du vivant plutôt que sur la logique mécanique de la production industrielle.

Sous le Troisième Reich, les idéologues nazis opèrent un renversement de cette vision : ils érigent le sang racial en loi naturelle, supposée gouverner la continuité et la pureté du peuple. L'ensemble du droit et de la politique est justifié par une analogie constante avec les processus immunitaires et circulatoires d'un corps collectif : la stérilisation des « malsains héréditaires », l'expulsion des « sous-hommes » et finalement l'extermination de populations entières sont présentées comme des opérations de « purification » conformes à une loi cosmique supérieure[8].

Le point de jonction entre ces deux systèmes réside dans le refus de la coupure entre l'humain et la nature : pour Rudolf Steiner comme pour les nazis, la société s'inscrit dans un grand tout organique et cyclique. Les frontières entre le matériel et le spirituel s'effacent, de même que celles entre l'individu et la communauté. Cette idée de loi de la nature converge avec les principes de l'agriculture biodynamique de Steiner[9]. Raison pour laquelle, certainement, des dignitaires nazis ont soutenu, sous certaines conditions, le mouvement biodynamique.

Toutefois, là où Steiner cherche l'harmonie et la santé du vivant, les nazis instrumentalisent cette vision pour justifier l'oppression, la hiérarchie raciale et la violence comme « lois de la nature ».

Steiner et la biodynamie

Né le 27 février 1861 à Kraljevec, dans l'Empire austro-hongrois, et mort en mars 1925 à Dornach (Suisse),

—

8. Chapoutot, Johann, *La Loi du sang. Penser et agir en nazi*, Gallimard, 2014.

9. Choné, Aurélie, « Les fondements de l'écologie spirituelle chez Rudolf Steiner », *Politica Hermetica*, n° 27, 2013, p.15-35.

Rudolf Steiner est un philosophe autrichien et le fondateur de l'anthroposophie. Il publie plus de 350 ouvrages touchant à la philosophie, à la pédagogie – d'où les écoles Waldorf[10] –, à la médecine anthroposophique[11] (la maladie est un processus de transformation intérieure et un message à interpréter), aux arts et à l'économie sociale. Il donne un cours aux agriculteurs, entre le 7 et le 16 juin 1924 dans la région de Koberwitz (actuellement en Pologne), qui pose les principes de l'agriculture biodynamique : une approche globale, donc, visant à restaurer la vitalité du sol, des plantes et des animaux au moyen de préparations organiques et d'observations rythmico-cosmiques, jetant les bases de nombreuses écoles et pratiques biologiques ultérieures. Steiner conseille par exemple de planter, de tailler et de récolter en fonction du calendrier lunaire, mais il développe également toute une série de directives, dont certaines intriguent.

Parmi ces préparations, la plus emblématique est la bouse de corne, dite « préparation 500 ». On recueille la bouse de vache dans la corne d'une vache ayant vêlé

10. Steiner avait aussi des idées sur la pédagogie pour les enfants, et il y a aujourd'hui près de 2 000 jardins d'enfants et 1 200 écoles basés sur la pédagogie Steiner-Waldorf dans plus de 70 pays. On trouve beaucoup de structures Steiner en Europe, surtout en Allemagne (565 jardins d'enfants et 245 écoles) et aux États-Unis (154 jardins d'enfants et 124 écoles). Ces écoles alternatives accordent beaucoup d'importance à l'apprentissage artistique, aux activités manuelles et à l'apprentissage des langues dès le plus jeune âge, des méthodes reconnues par l'Unesco notamment.

11. C'est une discipline qui conçoit l'être humain comme constitué de plusieurs corps – physique, psychique et spirituel.

au moins une fois, puis on enterre la corne, pointe vers le bas, du solstice d'automne au solstice de printemps. Pendant cette période, la matière organique se transforme sous l'influence de la kératine, des micro-organismes du sol et des forces lunaires et planétaires. Lorsqu'elle est déterrée, la bouse humifiée a perdu son odeur fécale et présente une forte activité biologique : elle est ensuite diluée (environ 100 grammes pour 30-35 litres d'eau), puis « dynamisée » par brassage manuel ou mécanique avant d'être pulvérisée sur le sol au printemps, juste après réchauffement, ou à l'automne sur une terre encore chaude. Pour les adeptes de Steiner, par son caractère à la fois organique et cosmique, la bouse de corne incarne pleinement l'esprit biodynamique : elle renoue la ferme avec les cycles naturels et l'équilibre vivant du terroir.

La Fédération du Reich pour la biodynamie (Reichsverband für biologisch-dynamische Wirtschaftsweise) naît à l'été 1933 de la fusion des structures biodynamiques allemandes qui souhaitent conserver leur activité sous le régime nazi. Pour survivre, leurs fondateurs adoptent le Führerprinzip interne, le fondement juridique et idéologique du régime nazi[12], ce qui leur permet d'être reconnus par les autorités, mais implique aussi l'exclusion systématique

12. Le Führerprinzip, littéralement « principe du chef », fut la base idéologique du régime nazi. Ses partisans considéraient que la volonté d'Adolf Hitler avait force de loi et devait s'imposer sans discussion à tous les échelons de la société allemande, du plus bas jusqu'au gouvernement suprême.

des membres juifs. Rudolf Hess[13], convaincu des vertus de la biodynamie pour l'autarcie agricole du Reich, offre dès 1934 une protection politique à l'association, renforçant ses liens institutionnels avec l'État nazi.

Erhard Bartsch, ancien ingénieur, prend la tête de la Fédération du Reich pour la biodynamie et de la revue *Demeter-Wirtschaftsbund*, (l'« Union économique Demeter »), qui devient l'interlocuteur privilégié du ministère de l'Agriculture. L'Union économique Demeter est l'organisme créé en 1932 pour regrouper et certifier les producteurs, transformateurs et distributeurs de produits issus de l'agriculture biodynamique, selon le cahier des charges inspiré par Rudolf Steiner (préparations spécifiques, cycles lunaires, approche holistique du sol et des cultures). Il est nommé « Demeter » en référence à la déesse grecque des moissons. Sous l'autorité d'Erhard Bartsch, l'organisation coordonne dix-huit sections thématiques (sol, végétaux, animaux, préparations biodynamiques, etc.) et tente d'imposer ses méthodes auprès des

---

13. Rudolf Hess (1894-1987) rencontre Adolf Hitler en 1920 et devient rapidement son secrétaire personnel, participant au putsch de la Brasserie (1923) puis, emprisonné à Landsberg, à la dactylographie de *Mein Kampf*. À l'accession des nazis au pouvoir, il est nommé adjoint d'Hitler (Stellvertreter des Führers) et chef de la chancellerie du parti nazi de 1933 à 1941, jouant un rôle de représentation et de coordination politique. Son étonnante mission diplomatique non autorisée en mai 1941 – son vol vers l'Écosse pour négocier une paix séparée – provoque sa disgrâce et son arrestation, marquant la fin de son influence. Condamné à Nuremberg, il reste incarcéré à Spandau jusqu'à sa mort en 1987.

coopératives agricoles nazies, en particulier pour réduire la dépendance aux engrais chimiques.

Lancé en juin 1933, le plan d'autarcie agricole de Richard Walther Darré (ministre de l'Alimentation et de l'Agriculture) offre un cadre politique à cette démarche d'agriculture bio. Après une audience organisée le 18 janvier 1934 – réunissant Hess, Darré et l'architecte paysagiste Alwin Seifert – la biodynamie est soumise à des essais comparatifs pour alimenter les cuisines officielles du parti.

Mais les relations entre adeptes de ce concept et le régime nazi ne sont pas simples et sont ponctuées de hauts et de bas. Jusqu'à son interdiction par la Gestapo en 1941, le mouvement vit sous haute surveillance, puis, faute de structure légale, six spécialistes de la biodynamie sont recrutés par Himmler pour cultiver des jardins à Dachau, à des fins expérimentales et de propagande. La dissolution officielle de l'association met fin à ces expérimentations sous couvert de scientisme. Certains membres, surnommés les « biodynamistes », se replient alors dans des fermes isolées ou rejoignent des réseaux de résistance paysanne, tandis que d'autres basculent définitivement dans la collaboration technique avec les autorités nazies. Pour essayer de comprendre si les biodynamistes étaient nazis ou pas, il faut donc une étude approfondie. La réalité, comme toujours, est beaucoup plus complexe.

En 2024, les chercheurs Jens Ebert, Susanne zur Nieden et Meggi Pieschel[14] ont publié une vaste enquête qui s'appuie sur plus de 10 000 pages issues du système de surveillance nazi et des documents internes pour retracer l'évolution du mouvement biodynamique de ses débuts jusqu'aux premières années d'après-guerre. Les auteurs montrent que, si bon nombre d'adeptes de Steiner ont opté pour un accommodement opportuniste (adoption du Führerprinzip interne, exclusion des membres juifs) afin de poursuivre leurs activités, ils ont également entretenu d'importants désaccords idéologiques avec le national-socialisme et ont manifesté diverses formes de résistance, qu'elles soient silencieuses ou plus affirmées.

En effet, plusieurs divergences fondamentales distinguent la biodynamie des doctrines nazies. Les trois chercheurs allemands soulignent l'absence, dans les publications et manuels biodynamiques, de toute approbation de l'antisémitisme, du nationalisme agressif, du racisme biologique ou de l'extermination des « vies indignes » : leurs principes reposaient au contraire sur l'universalité de l'être humain, la diversité des terroirs et la liberté de conscience.

---

14. Ebert, Jens, zur Nieden, Suzanne et Pieschel, Meggi, *Die biodynamische Bewegung und Demeter in der NS-Zeit. Akteure, Verbindungen, Haltungen*, Metropol, 2024. L'étude a été présentée publiquement au centre de documentation Topographie de la terreur à Berlin, le 2 juillet 2024, événement auquel assistaient quelque cent soixante spécialistes.

Sur le plan économique, l'agriculture biodynamique s'opposait à l'agro-industrie chimique représentée par IG Farben et son recours massif aux engrais azotés et aux pesticides de synthèse. Cette critique de la rationalisation industrielle du vivant heurtait les intérêts de puissantes firmes que le régime protégeait : la biodynamie paraissait alors subversive, car elle délégitimait l'un des piliers de la politique économique et de guerre du Reich. Ces divergences se cristallisent en 1941, après le départ de Hess vers la Grande-Bretagne et sa destitution. Privé de son principal protecteur, le Reichsverband biodynamique – l'organisme officiel – est dissous par la Gestapo durant l'été 1941, marquant la rupture définitive entre la biodynamie et le régime nazi.

Ces tensions montrent comment l'engagement initial des adeptes du biodynamisme, qui défendent des valeurs humanistes et écologiques, motivés par le désir de sauvegarder le sol et d'imposer leur méthode, s'est finalement heurté à l'idéologie totalitaire et raciste du nazisme.

CHAPITRE 3

Une idéologie sociale

La cuisine nazie ne se limite pas à nourrir le corps : elle vise à le modeler, à l'inscrire dans une logique de pouvoir où chaque calorie sert l'État. On l'a vu, sur le plan individuel, le ministère de l'Alimentation établit des barèmes précis de rationnement calorique fondés sur l'âge, le sexe et l'intensité de l'effort. Parallèlement, le contrôle s'étend au corps collectif. Les restaurants et cantines sont soumis à un vaste encadrement légal : les enseignes doivent arborer exclusivement des lettrines gothiques, bannir tout mot étranger des menus et ne proposer que des mets « allemands » traditionnels, servis au son d'une musique folklorique, afin de faire de chaque repas un rituel patriotique renforçant l'identité nationale. Les publications officielles qualifient la table de « lieu de purification », où l'usage d'ersatz locaux (pain de seigle, substituts de café) symbolise la loyauté raciale et l'adhésion au Reich. Dès lors, manger est à la fois un devoir civique et un acte de soumission.

Dès 1933, la politique alimentaire du régime s'organise autour de l'Office du ravitaillement du Reich, le Reichsnährstand, créé par la loi du 16 septembre 1933. Sous la houlette de Walther Darré, cette organisation regroupe l'ensemble des producteurs agricoles et établit un monopole d'État sur la production, la transformation et la distribution des denrées. Il ne s'agit pas uniquement de vœux pieux, les directives sont appliquées, les organismes créés et les politiques sont évaluées. Dans les archives allemandes, plusieurs rapports officiels de cette époque attestent de l'impact de cette politique mise en œuvre[1].

Au sein de l'Office du ravitaillement du Reich, un autre organisme se crée en 1934, l'Office du Reich à l'Alimentation, le Reichsernährungsamt, chargé de publier des manuels et des directives – comme une brochure annuelle (*Der Deutsche Ernährungsratgeber*) détaillant apports caloriques, rations de base (pain complet, pommes de terre, légumes de saison) et fréquence conseillée de consommation de viande ou de graisse animale – à l'intention des nutritionnistes, des cantines scolaires et des ménagères. La diététique est encadrée par l'État. Les diplômes et badges en diététique pour les « diététiciens du Reich » et les cantinières modèles exigent : des examens théoriques sur la composition nutritionnelle des aliments et

1. On trouve notamment les rapports annuels du Reichsnährstand (1934-1943), archivés au Bundesarchiv (Berlin-Lichterfelde), qui rendent compte de l'évolution des rations, de la consommation par habitant et de l'effort de substitution (farines de pommes de terre, ersatz de café, beurres de synthèse).

besoins caloriques, basés sur une hiérarchie sociale ; une épreuve pratique d'organisation et de gestion de « cuisines modèles » destinés aux écoles, usines et camps de jeunesse ; et la capacité à appliquer les principes d'autarcie alimentaire et de rationnement. Seules les candidates obtenant d'excellentes notes, en démontrant une maîtrise parfaite de cette double dimension – scientifique et idéologique – se voient décerner les plus hautes distinctions.

Le ragoût du dimanche

Dans la froide matinée du 1er novembre 1936, une immense marmite fumante trône sur la place du Lustgarten à Berlin, attirant des centaines de citoyens emmitouflés. Ce jour-là, Adolf Hitler fait une apparition soigneusement orchestrée : vêtu d'une blouse claire, il tend la louche vers une file d'ouvriers et d'orphelins rassemblés pour l'Eintopfsonntag, le ragoût du dimanche. Les caméras officielles s'attardent sur son geste paternel, immortalisant l'instant pour les actualités cinématographiques et le *Völkischer Beobachter*, le journal de propagande nazie, où ces images sont accompagnées de commentaires soulignant la sollicitude du Führer pour « le bien-être du peuple ».

De son côté, Joseph Goebbels, le ministre de la Propagande, exploite l'immense portée de la radio d'État (Reichs-Rundfunk-Gesellschaft) pour faire du ragoût du dimanche un rituel national. Au micro, il s'adresse chaque premier dimanche du mois à des millions d'auditeurs, exaltant « l'esprit de sacrifice fraternel » et vantant la marmite commune comme rempart contre la « division de classes ». Ses allocutions sont relayées en simultané par la presse du ministère de la Propagande, qui publie en première page des reportages louant la proximité du parti – « même le Führer n'hésite pas à rejoindre la foule » – et appelant à l'unité derrière le régime[2].

Les racines de cette « Œuvre d'aide hivernale du peuple allemand » (la WHW, Winterhilfswerk des Deutschen Volkes) remontent à des initiatives lancées dès 1931 par le gouvernement Brüning pour venir en aide aux chômeurs et aux anciens combattants pendant la crise économique. Mais c'est sous le régime nazi qu'elle prend véritablement forme. Ce dispositif du « ragoût du dimanche » démarre officiellement le 1er octobre 1933. L'idée est de remplacer chaque premier dimanche du mois le traditionnel rôti dominical par un repas unique dans un pot (Eintopf), pour reverser les économies ainsi réalisées aux caisses de l'Œuvre hivernale du peuple allemand.

Collecteurs, militants du NSDAP et bénévoles de la WHW parcourent les quartiers pour récupérer les dons juste après le repas dominical. Chaque hiver, d'octobre à mars, avec un pic en novembre-décembre, plus d'un million

---

2. Landry, Tristan. *Du beurre ou des canons. Une histoire culturelle de l'alimentation sous le IIIe Reich, op. cit.*

de « cliqueurs de boîtes » (Dosenklicker) – 1,2 million de bénévoles chaque hiver et 1,5 million lors de la première campagne 1933-1934 –, munis de boîtes métalliques, frappent aux portes, souvent encouragés par la délation de voisins pour traquer les « résistants » à la charité. Les dons (argent, charbon, vêtements et denrées alimentaires) peuvent aussi être effectués via un prélèvement automatique sur salaire, quasi obligatoire pour de nombreux ouvriers. Même s'il n'existe pas de statistiques précises sur le taux de don, on estime que des dizaines de millions de foyers sont touchés mensuellement par cette initiative, qu'ils y participent activement ou qu'ils se rendent dans des restaurants estampillés « nazis », servant une cuisine nationale-socialiste. Les recettes issues des donateurs dépassent rapidement celles de l'aide sociale traditionnelle : dès 1939-1940, le montant des dons surpasse les crédits publics alloués par l'État pour la lutte contre la pauvreté. Cette manne financière permet au régime de soulager partiellement son budget social tout en renforçant son emprise idéologique. Restaurants et cantines sont légalement tenus de proposer un menu Eintopf à prix réduit ces jours-là.

Dans les quartiers, des cadres du NSDAP et des membres de la Hitlerjugend, les jeunesses hitlériennes, animent la scène. Tambour battant, fanfares et uniformes impeccables jalonnent le parcours des collecteurs officiels, tandis que les affiches placardées sur les murs promettent « nul affamé ni congelé » si chacun apporte sa modeste contribution. Les militants en blouse blanche distribuent la soupe, supervisés par les propagandistes de l'Office d'impression du Reich, l'Infirmerie nationale, en fait : le moindre détail, du format des affiches aux couleurs chaudes utilisées, vise à créer un sentiment de tradition et de chaleur humaine, donnant à cette opération caritative l'allure d'une grande fête populaire. Ces affiches, articles de presse et émissions radio valorisent le geste patriotique, avec parfois des photos d'Hitler posant devant un pot fumant.

Au-delà de la charité, cette mise en scène reflète une volonté de mise au pas (Gleichschaltung) par l'assiette : en montrant Hitler et Goebbels renouant publiquement avec la population autour d'un même repas frugal, le régime efface les frontières sociales et affirme son emprise idéologique. Selon Alice Weinreb, dans *Modern Hungers*[3], la cuisine « en un pot » sert d'outil allégorique pour forger la communauté du peuple, la Volksgemeinschaft : cela « symbolisait la création d'un peuple homogène (ein Volk), unissant classes et régions autour d'un même repas frugal ».

Joseph Goebbels utilise la propagande culinaire pour discipliner aussi bien le corps individuel que le corps collectif. Le ragoût simple et rustique est censé incarner la frugalité du peuple, le sacrifice quotidien et la loyauté au Reich. Les images de propagande calibrées – photographiques ou radiophoniques – valorisent la table allemande comme un rituel patriotique : le repas dominical n'est plus

---

3. Weinreb, Alice, *op. cit.*

un moment de plaisir privé, mais un acte civique renforçant l'unité raciale et le consentement à l'effort commun tout en excluant symboliquement les « indésirables » privés de ces privilèges alimentaires.

L'exclusion des Juifs des bénéficiaires de ce dispositif entraîne la création parallèle d'une organisation financée par les propres impôts et dons de la communauté juive afin de venir en aide aux Juifs les plus démunis pendant l'hiver, la Jüdische Winterhilfe (Secours d'hiver juif), reflet de la politique antisémite du régime. Cette Jüdische Winterhilfe prélevait des contributions obligatoires sur les Juifs (10 % de l'impôt sur le salaire, 8 % de l'impôt sur la fortune). À ces prélèvements s'ajoutaient des collectes et des appels aux dons à l'occasion de la fête juive de Hanoucca. Lors de l'hiver 1936-1937, la Jüdische Winterhilfe enregistra 82 818 personnes dans le besoin, dont environ 35 % à Berlin. Les aides consistaient en distributions de vivres, de combustibles et de vêtements. Des cuisines populaires offraient des repas chauds à prix réduit, et les achats étaient favorisés dans les commerces juifs pour soutenir l'économie communautaire.

Lancée en 1933, la campagne se poursuit sans discontinuer jusqu'à la fin du Troisième Reich en 1945. Son intensité fluctue : à partir de 1939, elle s'inscrit aussi dans la préparation de l'effort de guerre, et sert de vecteur pour faire accepter de plus amples restrictions alimentaires et l'idée du sacrifice collectif.

L'uniformisation sociale par la cuisine

Dès l'été 1933, tandis que le régime nazi consolide son emprise sur l'agriculture et l'alimentation, l'Office de Ravitaillement du Reich, le Reichsnährstand, met en chantier le premier de ses fameux rapports annuels. Signés par Walther Darré en personne, ceux-ci font chaque année le point sur les quantités produites, les besoins nutritionnels et l'évolution des rations.

L'édition de 1935, conservée aux archives fédérales à Berlin-Lichterfelde[4], détaille par quartier (Gau) la consommation moyenne de pain complet, de pommes de terre et de légumes-racines, tout en mesurant l'incidence des plats « en un pot » (les ragoûts) sur l'équilibre des apports protéiques et caloriques. On y lit que l'Eintopf, dont la promotion a trouvé dans le ragoût du dimanche un formidable tremplin, représente désormais près de 15 % de l'alimentation hivernale allemande, et que la part de la viande destinée aux ménages a été réduite de 20 % entre 1934 et 1936, au profit de légumineuses et de « graisses végétales recommandées en substitution ».

Dans le même temps, le Front allemand du travail (Deutsche Arbeitsfront, ou DAF, le syndicat nazi officiel, pour faire simple) orchestre des études internes confidentielles visant à contrôler l'application de ces directives au sein des cantines d'entreprise. Des rapports de la DAF

4. Bundesarchiv, *Reichsnährstand,* Rapports annuels (1934-1939).

évaluent ainsi la conformité des cantines d'usines aux directives nutritionnelles et dressent la liste des manquements (trop de graisse, absence de légumes frais), avec sanctions possibles pour les gestionnaires négligents.

Resté inédit jusqu'à sa découverte récente dans les fonds de la DAF à Francfort, un rapport[5] de février 1937 révèle qu'un tiers des établissements visités ne respectent pas les portions minimales de légumes frais. On y découvre l'anecdote d'un inspecteur muté du secteur sidérurgique qui, en Sarre, surprit le gestionnaire d'une cantine à diluer un Eintopf de pois cassés avec de l'eau de pluie recueillie dans la cour : celui-ci fut immédiatement remplacé par une infirmière de la DAF formée à la diététique nazie, illustrant crûment l'importance que le régime accordait au « contrôle sanitaire » des repas ouvriers.

Parallèlement, l'Œuvre des femmes allemandes (Deutsches Frauenwerk[6]), organisation féminine nazie créée en octobre 1933 par Rudolf Hess, publie dès 1934

---

5. *Deutsche Arbeitsfront, Études internes sur l'hygiène des cantines (1936-1938)*, fonds DAF de Francfort.

6. Au départ, la Deutsches Frauenwerk est une fédération d'associations de femmes plutôt conservatrices dans la république de Weimar. Les nazis la sabordent et la transforment en machine de guerre idéologique. La Deutsches Frauenwerk rassemble 1,7 million de femmes et est alors étroitement liée à la NS-Frauenschaft (la Ligue nationale-socialiste des femmes) de Gertrud Scholtz-Klink, une organisation politique (2,3 millions de membres). La Deutsches Frauenwerk organise 54 000 cours d'un programme phare intitulé la « formation de la mère », qui, entre 1934 et 1937 seulement, va initier environ 1,14 million de femmes à être des « bonnes mères et bonnes épouses nazies ».

ses « cahiers pédagogiques », des supports fournis pour la « formation de la mère », à destination des 1,14 millions de cadres féminines. Ces fascicules réunissent des modules de formation en trois volets : la préparation rationnelle du ménage ; la dégustation collective de quatre ragoûts types ; et l'organisation de « concours patriotiques de la marmite » dans chaque section locale (Ortsgruppe).

L'un des volumes de 1938 raconte comment, à Leipzig, une animation de quartier mobilisa près de 200 ménagères autour d'une épreuve d'élaboration du meilleur ragoût. Jugées sur l'économie d'ingrédients et la richesse nutritive, les trois gagnantes reçurent un badge en céramique siglé « WHW », remis solennellement par un représentant des Jeunesses hitlériennes[7]. Un souvenir vécu comme une consécration civique par ces femmes.

L'ensemble de ces publications converge vers un même objectif : ériger la « cuisine nationale-socialiste » en instrument d'uniformisation. Les rapports de l'Office allemand du Ravitaillement définissent les normes à l'échelle du Reich, les études de la DAF veillent à leur stricte exécution dans

---

Le livre de Johanna Haarer, *La Mère allemande et son premier enfant*, est alors le livre de référence.

7. Les Hitlerjugend, les Jeunesses hitlériennes, étaient le mouvement de jeunesse du Parti national-socialiste des travailleurs allemands dirigé par Adolf Hitler, créé en 1926. À partir de 1936, ce fut le seul mouvement de jeunesse autorisé. Puis, en 1939, tous les jeunes Allemands de 14 à 18 ans furent obligés d'y adhérer. Les Jeunesses hitlériennes resteront très actives jusqu'à la capitulation de l'Allemagne nazie en 1945.

les cantines d'usine, et les cahiers de la Frauenwerk diffusent l'idéal domestique jusque dans l'intimité des foyers.

Des recettes nationales-socialistes

Dès la première action hivernale de 1933-1934, le Secours d'hiver au peuple allemand chargea un comité de rédaction[8] de concevoir un recueil officiel de recettes de ragoûts. Publié sous le titre générique *Eintopf Rezepte für die deutsche Familie*, ce fascicule de vingt pages regroupe huit à dix préparations simples (soupe de pois, ragoût de pommes de terre, choucroute paysanne), assorties de conseils d'économie et de recommandations d'hygiène dans les foyers. Un véritable « sous-genre » éditorial, dont la naissance, la genèse et la diffusion révèlent autant l'effort logistique du régime que son emprise idéologique sur la sphère domestique.

La première édition, lancée en octobre 1933, paraît à 500 000 exemplaires, gratuits et distribués dans les bureaux de la WHW, les caisses de chômage et les épiceries affiliées. La popularité du format fait rapidement passer le tirage à 1 million d'exemplaires dès l'hiver 1934-1935, puis à près de 2 millions en 1937-1938, selon Alice Weinreb. Outre ces recueils officiels, une douzaine d'ouvrages[9] « libres »

8. Un comité de rédaction formé de nutritionnistes du Front allemand du Travail, de responsables du Secours populaire national-socialiste et d'experts culinaires proches du ministère de la Propagande.

9. Des titres comme *Der Eintopfsonntag* (1935) ou *Unser Eintopf-Kochbuch* (1937).

voient le jour entre 1934 et 1939, édités par des maisons à capitaux nazis (Deutscher Verlag, Eher Verlag). Chacune diffuse entre 50 000 et 200 000 exemplaires, vendus moins d'un reichsmark ou offerts en supplément des magazines féminins (*Telegraf*, *Die Dame*).

Chaque recette est annotée d'un conseil d'économie (Sparhinweis) et d'un encadré rappelant le « devoir national ». À chaque fois, les plats doivent avoir une dimension idéologique nationale-socialiste.

Ainsi, la choucroute n'est pas simplement du chou fermenté goûteux, préparé avec soin et savoir-faire, agrémenté de saucisses, de lard, de pommes de terre cuites à l'eau, ce plat doit également refléter le terroir – ce qui est assez logique, puisque c'est le fruit de savoir-faire transmis de génération en génération. La choucroute doit répondre à des critères idéologiques, hygiénistes, diététiques, et surtout unir le peuple allemand, aryen. Elle est cuisinée par la mère de famille et dégustée par les multiples enfants blonds en culotte de peau et par l'homme, rentrant des champs, épuisé par son labeur, mais savourant ce plat germanique avec sa famille allemande, dans des assiettes allemandes. Si elle pouvait parler, la choucroute nazie dirait que les cuisines étrangères sont dégénérées, qu'elles rendent malades moralement et physiquement. Elle ajouterait qu'il n'y a qu'une seule gastronomie qui vaille : celle magnifiée par les dignitaires nazis.

La mise en page de ces livres de recettes est sévère : typographie gothique, illustrations en noir et blanc (photographies de paysans en blouse, gravures de légumes-racines), encadrés réglementaires rappelant la doctrine Darré. Les recettes sont signées collectivement par le Délégué du Reich pour le bien-être, Reichsbeauftragter für Volkswohlfahrt (Erich Hilgenfeldt), et par les rédactrices en chef du Frauenwerk – souvent masquées derrière des pseudonymes féminins rassurants (Marta Steffen, Anna Lemberg). Mais pour convaincre plus de monde, des livres grand public sont édités par des maisons nazies et portent le nom de cuisinières professionnelles ou d'auteurs culinaires reconvertis, comme Gerta Weiss ou Helene Büttner, dont les précédents titres connurent un certain succès avant 1933, et sont soumis à une commission de censure du ministère de la Propagande. (On ne sait jamais, ces rédactrices culinaires pourraient glisser subrepticement des recettes étrangères, comme de l'osso buco à la milanaise, de la paëlla, ou « pire », de la carpe farcie, le plat juif ashkénaze par excellence…) Ces ouvrages mêlent textes poétiques sur l'amour du terroir et recettes « modernisées » (gâteaux aux noisettes, pains spéciaux au seigle) afin d'élargir l'adhésion des classes moyennes. Le style privilégie un ton à la fois méthodique (« Utilisez une cocotte adaptée à quatre parts », « Ne jetez pas l'eau de cuisson ») et légèrement solennel (« Le sacrifice de la table sert la grandeur du peuple »).

Si aucune loi ne force formellement chaque famille à posséder le recueil complet, la quasi-obligation sociale joue nettement en faveur de sa circulation. Chaque cantine d'entreprise et chaque cafétéria publique se voient remettre un stock de guides à présenter aux convives. Les réseaux des femmes nazies imposent aux comités de foyer et aux cercles de femmes (Frauenwerk) de tenir des « cercles de lecture » autour du livre *Eintopf.* Et la presse du parti multiplie les appels du type « Trouvez votre exemplaire dans votre mairie » ou « Ne restez pas sans votre livre de recettes *Eintopf* ».

À la veille de la guerre, on estime que 70 % des ménages urbains sont entrés en possession d'au moins un exemplaire officiel, et plus de 90 % ont au moins feuilleté les recettes dans les magazines ou les brochures mensuelles de la WHW… Les ouvrages d'époque insistent sur la simplicité, l'économie et la diversité des ingrédients de base, avec des plats peu coûteux et nourrissants, reflétant l'esprit de sobriété obligatoire voulu par le régime. Par exemple :

• Soupe de pois secs et lardons. Ingrédients (4 personnes) : 300 grammes de pois secs, 100 grammes de lard fumé, 1 oignon, 1 carotte, bouquet garni, sel, poivre. – Préparation : tremper les pois 12 heures, les rincer, puis cuire 1 heure dans 1,5 litre d'eau avec le bouquet garni et l'oignon émincé. Ajouter le lard coupé en lardons et la carotte en dés 30 minutes avant la fin. Rectifier l'assaisonnement.

• Choucroute paysanne. Ingrédients : 1 kilogramme de choucroute crue, 200 grammes de lard, 200 grammes de fèves sèches, 1 oignon, 500 millilitres de bouillon dégraissé, carvi, sel. – Préparation : tremper les fèves 8 heures, rincer la choucroute, la placer dans une cocotte avec l'oignon, le lard coupé en dés et le bouillon. Cuire à feu doux 2 heures. Ajouter les fèves, saler, poivrer, saupoudrer de carvi. Poursuivre la cuisson pendant 1 heure.

• Ragoût de pommes de terre à l'oignon. Ingrédients : 800 grammes de pommes de terre à chair ferme, 2 oignons, 30 grammes de beurre, thym, laurier, sel, poivre. – Préparation : peler et découper les pommes de terre en rondelles. Faire fondre le beurre, y dorer l'oignon émincé, puis ajouter les pommes de terre, aromates et 500 millilitres d'eau. Cuire à couvert 40 minutes.

Le tourisme gastronomique

Les nationaux-socialistes veulent aussi faire la promotion des cuisines et terroirs régionaux. Là encore, tout est politique et idéologique.

Le mouvement La Force par la joie (Kraft durch Freude ou KDF) est créé en novembre 1933 sous l'égide de Robert Ley, président du Front allemand du travail (DAF), pour encadrer les loisirs des ouvriers et de leurs familles[10]. Plus qu'une simple agence de voyages, la KDF vise à instaurer un véritable comité d'entreprise national, où la découverte du patrimoine culinaire et viticole

10. Landry, Tristan, *Du beurre ou des canons. Une histoire culturelle de l'alimentation sous le IIIe Reich*, *op. cit.*

constitue un levier d'unification et de formation d'une « communauté populaire » conforme aux idéaux nazis.

La Force par la joie organise des « voyages gastronomiques » au cœur des régions viticoles et agricoles du Reich en guise de pédagogie nationale. Ces excursions, ouvertes aux membres du Front allemand du travail et à leurs proches, tournent au rituel mobilisateur : croisières à bord du *Wilhelm Gustloff* le long de la mer Baltique, séjours de ski à Garmisch-Partenkirchen, circuits œnologiques dans la vallée de la Moselle et dans le Palatinat, week-ends à la découverte des fromages de Bavière et des charcuteries de Franconie. À chacun de ces voyages s'ajoutent des brochures intitulées « Les Délices de la patrie allemande » (*Genüsse deutscher Heimat*) ou « Guide des vins du Reich » (*Reichs-Weinführer*), qui présentent recettes, appellations régionales, portraits de vignerons « aryens » et commentaires folkloriques sur les terroirs.

Choisis parmi les travailleurs les plus dévoués à la DAF, les participants voyagent en groupes homogènes, sous la conduite d'encadrants nazis chargés de veiller à la discipline et à la diffusion des messages idéologiques. Sociologiquement, ces périples représentent un moment d'intégration forcée : par le partage de banquets, la visite d'exploitations « modèles » et les ateliers de cuisine locale, ils contribuent à forger une communauté du peuple (Volksgemeinschaft) mobile, débarrassée des anciennes distinctions de classe et de région.

Sur le plan philosophique, la Force par la joie s'inscrit dans la même logique völkisch que l'idéologie Blut und Boden. L'alimentation devient ici un rite de passage liant l'individu à la terre natale : en goûtant les vins du Rhin et les pains de seigle de Poméranie, le citoyen adopte symboliquement les saveurs du sang et du sol allemands, se place sous la conduite d'un ordre organique où chaque produit du terroir porte en lui la mémoire de la race et le potentiel d'une régénération nationale.

Les femmes cantonnées à la cuisine

Pour mitonner cette cuisine nationale-socialiste, le régime nazi s'appuie sur les ménagères. Et dans leur logique, ça tombe bien : sous le nazisme, la femme est avant tout considérée comme « gardienne de la race » qui doit perpétuer le peuple aryen, torcher les enfants et ne pas travailler à l'extérieur, mais pleinement à l'intérieur de la maison. L'idéologie officielle repose sur la célèbre formule « Kinder, Küche, Kirche » (« enfants, cuisine, église »), qui rappelle l'antique allitération wilhelmienne, et qui est remise au goût du jour par la propagande hitlérienne.

Dans un discours de septembre 1934, le Führer déclare que pour la femme allemande, « son Univers est son mari, sa famille, ses enfants et son foyer », marquant ainsi la négation de toute vocation politique ou intellectuelle pour la gent féminine hors du foyer familial[11]. Cette vision trouve sa traduction législative dès 1933 avec la « loi pour l'encouragement du mariage », qui transforme l'union conjugale en « service pour la communauté » : les prêts consentis aux jeunes couples sont tout entiers effacés au fur et à mesure de la naissance des enfants, sanctuarisant ainsi la maternité comme contribution civique majeure.

Pour diffuser cet idéal, le parti crée deux organes d'encadrement féminin : l'Association nationale-socialiste des femmes (NS-Frauenschaft) et la Ligue des jeunes filles allemandes (Bund Deutscher Mädel). Sous la houlette de Gertrud Scholtz-Klink, première et unique Reichsfrauenführerin (la « cheffe » des femmes !), ces institutions organisent des cours d'endoctrinement – puériculture, cuisine « hygiénique », travaux ménagers – accompagnés d'enseignements sur l'hygiène raciale et l'eugénisme, afin d'inoculer, dès l'enfance, la conviction que la mission première de la femme est de servir la « communauté populaire » par son foyer.

Et puis, comme la place de la femme nazie est en cuisine ou en train de changer les couches des bébés, en l'espace de quelques mois, le régime met en place un système global visant à réduire drastiquement la présence des femmes dans l'enseignement supérieur et

---

11. Koonz, Claudia, *Mothers in the Fatherland: Women, the Family and Nazi Politics*, Routledge, 1986.

les professions intellectuelles. Dès avril 1933, la loi pour le rétablissement du service public ouvre d'abord la voie à l'épuration des fonctionnaires juifs ou « politiquement indésirables », mais des circulaires ultérieures ciblent aussi explicitement les femmes mariées, dont on prescrit la démission sous couvert d'« ordre moral » et de « charge pour l'État[12] ». Le ministère des Sciences, de l'Éducation et de la Formation (Reichsministerium für Wissenschaft, Erziehung und Volksbildung) recommande aux universités de plafonner les effectifs féminins à 10 % des étudiants, contre environ 15 % à l'arrivée d'Hitler au pouvoir. Cette directive se traduit par un recul de près de moitié du nombre d'étudiantes entre 1933 et 1936[13]. Le nombre de professeures chute de 37 en 1932 à seulement 4 en 1939, les rares titulaires de chaires sont sommées de prendre leur retraite anticipée ou de démissionner sous prétexte de « préserver la mission maternelle[14] ».

Dès 1933 également, les organisations féminines nazies se partagent la socialisation idéologique des jeunes filles. La NS-Frauenschaft encadre les femmes adultes, tandis que la Bund Deutscher Mädel (les Jeunesses hitlériennes féminines), rendue obligatoire par la loi du 1er décembre 1936, cible les 10-18 ans. Ces structures deviennent des « troisièmes éducateurs » aux côtés de la famille et de l'école, leur mission étant d'inculquer l'allégeance à la

12. *Ibid.*

13. Stephenson, Jill, *Women in Nazi Germany*, Longman, 2001, p. 34-36.

14. Koonz, Claudia, *op. cit.*

communauté du peuple (Volksgemeinschaft) et la préparation au rôle d'« épouse-mère[15] ».

Les écoles d'économie domestique : les Haushaltungsschulen

Dès la prise de pouvoir par Hitler et les nazis, la cuisine est érigée par le régime en vecteur de santé raciale et de discipline nationale. Baptisées Haushaltungsschulen, des écoles d'économie domestique relevant du ministère de l'Éducation du Reich se développent rapidement dans l'ensemble des länder, avec plus de 300 établissements recensés en 1938. Elles offrent un cursus sur deux ans, gratuit pour les « Aryennes », combinant formation pratique et endoctrinement politique.

Les écoles d'économie domestique et la Ligue des jeunes filles allemandes incorporent aux cours de cuisine un enseignement de l'hygiène eugéniste : chaque étape de la préparation – désinfection systématique des ustensiles à l'eau bouillante ou à la vapeur pour « protéger la santé raciale du peuple allemand », choix des matières premières avec des aliments riches en vitamines et minéraux considérés comme « fortifiants du sang », élimination des ingrédients supposés « dégénératifs », cuisson, etc. – vise à renforcer le corps féminin en tant que futur berceau de la

15. Weiler, Sarah, « The Bund Deutscher Mädel and the Indoctrination of the German Girl », *The Saber and Scroll Journal*, vol. 10, *American Public University System* [en ligne], été 2021, p. 111-120.

race aryenne[16]. Les cours de cuisine y occupent une place stratégique : ils sont présentés comme un « acte civique » pour forger des ménagères rationnelles et économes.

Le régime organise des « réunions à la maison » (Heimabende) qui offrent, au-delà du sport, des formations en puériculture, en entretien du foyer et en « sciences raciales » (Volks- und Rassenkunde). En fait, ces sessions se tiennent une fois par semaine, souvent le mercredi soir, dans des foyers (heims) mis à disposition par la Ligue des jeunes filles allemandes. Entièrement codifiées par la Direction de la jeunesse du Reich (Reichsjugendführung), elles sont animées par des cheffes de la Jeunesse (Jugendführerinnen), qui assurent la formation idéologique et historique-politique (weltanschauliche Schulung) du groupe. Le contenu comprend, en plus de la gymnastique et des jeux collectifs, des exposés systématiques en puériculture et entretien du foyer, ainsi qu'en « sciences raciales » (Volks- und Rassenkunde) : identification des « signes de bonne race », règles d'hygiène eugéniste et notions d'hérédité aryenne. Les jeunes filles suivent aussi un service agricole obligatoire d'une année (Landfrauenjahr) censé les initier au travail rural et « contribuer à la santé du peuple » par le retour à la terre et la solidarité paysanne.

---

16. Keysers, Ralph, « Domestic Science and Racial Hygiene: The Haushaltungsschulen's Eugenic Curriculum », *Journal of Contemporary History*, vol. 49, n° 2, 2014, p. 275-294.

Les manuels de cuisine allemands de l'époque dont on a parlé, abondamment illustrés, publient non seulement des recettes, mais aussi les principes de chimie alimentaire. Ils détaillent la réaction de Maillard (une réaction chimique entre des acides aminés et des sucres – le glucose – contenus dans les protéines des aliments), la lactofermentation[17], la pasteurisation du lait et les techniques de stérilisation des bocaux. Les jeunes filles et les femmes apprennent à préparer des menus saisonniers, fondés sur les produits nationaux (pommes de terre, céréales, betteraves, choux), raréfiés par les sanctions internationales, en s'approvisionnant en circuits courts afin de réduire la dépendance aux importations et de forger une « cuisine du peuple » conforme à l'autarcie nazie. Elles sont aussi fortement priées d'élaborer des repas économes : petit déjeuner à base de pain complet et de margarine, soupes nourrissantes aux légumes-racines, ragoûts pauvres en viande, mais renforcés par de bonnes portions de légumineuses.

Les manuels de référence[18] fournissent encore des tables détaillées indiquant la valeur énergétique de chaque aliment (pain, beurre, viande, légumes, ersatz de café). Les élèves apprennent à peser et à comparer les calories pour élaborer des menus hebdomadaires totalisant environ

---

17. La fermentation lactique, ou lactofermentation, induit la formation d'acide lactique, qui provoque une acidification du milieu, permettant l'élimination d'autres bactéries, éventuellement pathogènes.

18. Des manuels tels que *Kalorientabellen für den Hausunterricht* de W. Wappler (1938) ou *Grundzüge der Diätetik* d'E. Koch (1939).

14 000 kilocalories, distribuées selon les normes officielles déjà évoquées (2 200 kilocalories pour une femme au foyer, 3 000 kilocalories pour un travailleur manuel de sexe masculin, jusqu'à 3 500 kilocalories pour les ouvriers les plus exposés physiquement).

En insistant sur l'hygiène (désinfection, conservation), la sobriété (gestion rigoureuse des denrées) et la discipline domestique (méthode de travail, propreté du linge et de la vaisselle), chaque repas devient un geste politique au service de la « communauté raciale[19] ».

L'organisation est, sinon militaire, rigoureuse en tout cas. Rien n'est laissé au hasard, et surtout, le régime nazi met en scène ces cours de cuisine, ces recommandations et documente quasiment tout lorsqu'il s'agit de montrer, selon eux, le monde nazi en marche. Les jeunes femmes effectuent ainsi des stages en « ferme-école » (Landwirtschaftliche Fachschulen), où elles mettent en pratique leurs acquis culinaires en cuisines collectives. Les meilleures réalisations sont publiées dans la revue mensuelle *Frauen-Warte*, organe officiel de l'Association nationale-socialiste des femmes (NS-Frauenschaft) : photographies de repas « aryens » idéaux, témoignages d'« épouses-mères » couronnées de succès, recettes adaptées pour les épouses de combattants. La propagande

---

19. Keysers, Ralph, *L'Enfance nazie. Une analyse de manuels scolaires (1933-1945)*, L'Harmattan, coll. « Allemagne d'hier et d'aujourd'hui », 2013.

tourne à plein régime, propageant un modèle de féminité domestique, glorifiée par les instances du parti[20].

L'idéologie Kinder, Küche, Kirche et les discours de Gertrud Scholtz-Klink insistent toujours, jusque fin 1941, sur la mission domestique : toute incursion dans les usines pour remplacer les hommes partis au front est présentée comme un sacrifice temporaire et malheureux. À partir de 1942, face à l'exode rural et à la mobilisation générale avec le deuxième front, celui de l'Est, le régime adapte les cours de cuisine à l'organisation des cantines ouvrières et militaires : apprentissage de la cuisson en grande quantité, gestion des stocks de graisse animale, cuissons industrielles. Simultanément, on continue à promouvoir le foyer maternel, créant un double discours : la cuisinière allemande doit à la fois servir au front et préserver la cellule familiale[21].

Face à la persistance des absences volontaires et à la faiblesse des recrutements, le régime se tourne massivement vers la main-d'œuvre forcée. Dès 1941, des

---

20. Plusieurs numéros de la *Deutsche Wochenschau* sont consacrés à ces écoles d'économie domestique, les Haushaltungsschulen, présentant les élèves en uniforme blanc, effectuant en chœur les mêmes gestes devant la cuisinière pédagogique. Ces séquences, conservées au Bundesarchiv-Filmarchiv, servaient à valoriser l'investissement de l'État dans la formation domestique et à stimuler les inscriptions. Voir « Haushaltungsschulen in Berlin », *Deutsche Wochenschau*, n° 87, Bundesarchiv-Filmarchiv, 1935.

21. Landry, Tristan, *Du beurre ou des canons. Une histoire culturelle de l'alimentation sous le IIIe Reich*, *op. cit.*

circulaires[22] organisent l'envoi de civils des territoires occupés (Pologne, URSS, Tchécoslovaquie) dans les usines allemandes. L'historien Ulrich Herbert estime qu'en 1944, plus de 2,8 millions de femmes étrangères travaillent dans l'industrie de guerre allemande, où elles subissent des conditions proches de l'esclavage : rationnement infime, couchage par dortoirs et surveillance policière constante[23]. Ce recours massif au travail forcé souligne la contradiction fondamentale du régime : enfermer idéologiquement la « femme aryenne » dans le foyer, tout en s'appuyant sur l'exploitation d'autres femmes, non aryennes, pour maintenir l'effort de guerre[24].

Les vestiges de cette idéologie sociale en Allemagne après-guerre

Après 1945, tout est à reconstruire, le monde sort de cinq longues années dévastatrices (comme on se le rappelle, entre 50 et 60 millions de morts : la Shoah avec 6 millions de morts ; au moins 30 millions de déplacés et de réfugiés ; et l'utilisation de l'arme atomique au Japon, deux fois), que faire alors de cette cuisine nationale-socialiste

---

22. Sauckel, Fritz (circulaires), *Archives du ministère de l'Économie du Reich*, série RMArb, 1941-1943.

23. Herbert, Ulrich, *Hitler's Foreign Workers: Enforced Foreign Labour in Germany under the Third Reich* [*Fremdarbeiter : Politik und Praxis des "Ausländer-Einsatzes" in der Kreigswirtschaft des Dritten Reiches*], Cambridge University Press, 1997, p. 52-60.

24. Lower, Wendy, *Hitler's Furies: German Women in the Nazi Killing Fields*, Houghton Mifflin Harcourt, 2013, p. 225-233.

qui n'apparaît pas, et c'est logique, comme une priorité ? Aucun des manuels d'économie domestique ou d' » hygiène raciale » du Troisième Reich n'est maintenu : l'occupant et l'ex-RFA (République fédérale d'Allemagne, aussi appelée Allemagne de l'Ouest) interdisent toute réédition, et l'ex-RDA (République démocratique d'Allemagne, aussi appelée Allemagne de l'Est) liquide cet héritage estampillé « fasciste ». Dans les deux Allemagne, les nouvelles filières d'économie domestique (Hauswirtschaft) sont entièrement repensées sur des bases scientifiques (nutrition, gestion du budget familial, puériculture) et débarrassées de tout contenu racial ou eugéniste.

Certaines habitudes culturelles de ces années 1930 et 1940, où la famille se retrouvait ensemble à table, ont quand même persisté. Le repas dominical (Sonntagsessen) et le fameux Kaffee und Kuchen (café et gâteaux) de l'après-midi, qu'Hitler adorait déguster dans les montagnes bavaroises, perdurent dans de nombreuses familles : plus qu'un héritage nazi, ils traduisent aujourd'hui un souci de cohésion familiale et régionale dans le pays, mais aussi la nostalgie d'un « temps du foyer » extrêmement valorisé dans les années 1930[25]. En revanche, la figure de la femme au foyer (Hausfrau) à plein temps, promue par la politique familiale nazie, a presque disparu : moins de 20 % des mères quittent aujourd'hui définitivement le marché

---

25. Statistisches Bundesamt, « Zeitbudgeterhebung 2018/19: Haushalts- und Familienarbeit », Destatis, 2019.

du travail après un premier enfant (contre plus de 50 % dans les années 1960).

En somme, l'Allemagne a rompu – et c'est heureux – avec l'instrumentalisation nazie des rôles féminins : les cadres légaux portant sur la petite enfance, l'éducation ménagère et la valorisation de la maternité ont été déconstruits et remplacés par des politiques inclusives et fondées sur l'égalité de genre. Les seules « traces » qui subsistent sont culturelles – habitudes de repas, goût pour le fait-maison –, mais sans la hiérarchie raciale ou populiste héritée du Troisième Reich.

Et que reste-t-il du ragoût du dimanche ?

Après la défaite et l'occupation alliée, la WHW est dissoute le 10 octobre 1945 par la loi n° 2 du Conseil de contrôle allié. Ses biens sont confisqués comme ceux des autres organisations nazies. Sur le plan mémoriel, elle demeure un cas d'école de l'utilisation de la charité d'État comme moyen de propagande et de pression sociale.

Jusque-là, les nazis avaient parfaitement amplifié une pratique folklorique – celle du repas mijoté en une seule cocotte, ancestrale en Allemagne – en en faisant un rituel mensuel de mobilisation idéologique. Aujourd'hui, le « ragoût unique » n'appartient plus à l'histoire du pouvoir : il a simplement retrouvé sa place comme plat populaire, particulièrement prisé lors des longues soirées d'hiver. Dans toutes les cuisines allemandes contemporaines, l'Eintopf reste un incontournable – qu'il s'agisse d'un pot-au-feu de légumes, d'un ragoût de pommes de terre ou d'un mélange de lentilles et de saucisses –, choisi pour sa simplicité, son côté nourrissant et le peu de vaisselle qu'il exige.

La réception populaire, au-delà de la finalité politique, a contribué à naturaliser l'Eintopf : certains ouvrages de tranches de vies familiales d'après-guerre racontent comment, au sortir de la pénurie, on conservait ces vieilles éditions pour piocher les idées de pot-au-feu économique. L'Eintopf resta ainsi l'un des rares « rites » nazis à survivre dans la culture culinaire allemande, vidé de sa charge idéologique, mais inscrit durablement dans les habitudes d'hiver.

PARTIE III

À LA TABLE DES DIGNITAIRES DU RÉGIME

CHAPITRE 1

Les repas officiels, une mise en scène du pouvoir

Prendre le thé au Berghof et à la maison Kehlstein

Sur les flancs des Alpes bavaroises, l'Obersalzberg s'offre d'abord à Adolf Hitler en juin 1923, lors d'un rassemblement nationaliste à Berchtesgaden. Fasciné par l'isolement et la beauté sauvage du site, il revient en août 1928 pour y louer la villa Hintereck. En avril 1933, une fois au pouvoir, il acquiert la villa voisine, le Berghof, qu'il transforme progressivement en résidence officielle.

Entre 1933 et 1945, Hitler passe près de six mois par an à l'Obersalzberg, y mêlant vie privée, réunions politiques et opérations de propagande. Sous l'égide de Martin Bormann[1], secrétaire personnel du Führer à partir

—

1. Martin Bormann était bien plus qu'un simple bureaucrate au sein du Troisième Reich ; il fut le proche collaborateur et l'un des hommes de confiance intimes d'Hitler. Engagé au début comme employé de bureau au sein du NSDAP, il gravit rapidement les échelons pour devenir le secrétaire personnel du Führer et le chef de la chancellerie du parti. Dans ce rôle, il gérait l'agenda d'Hitler, contrôlait la diffusion des décisions en coulisses et orchestrait,

de 1941, le domaine s'étend en un complexe fermé, véritable siège officieux du régime national-socialiste. Plus qu'une simple retraite alpine, l'Obersalzberg devient un centre de décision où se jouent l'organisation de la guerre et la persécution en Europe.

Dès 1934, des milliers de fidèles affluent chaque été pour apercevoir « le guide » : certains jours, jusqu'à 5 000 visiteurs se pressent devant le Berghof. Pour renforcer le caractère sacré du lieu, Hitler prévoit une maison de rassemblement du parti, des équipements sportifs et un hôtel géré par l'organisation Kraft durch Freude (La Force par la joie). Ces projets illustrent l'ambition de faire de l'Obersalzberg un sanctuaire politique aussi bien qu'un parc d'attractions nazi.

L'aménagement du site associe agrandissements et reconstructions. Le Berghof, avec sa façade en pierres de taille et ses vérandas panoramiques, côtoie le Gästehaus, le Kampfhäusl[2] et des casernes pour les SS. Les bâtiments s'ordonnent selon un plan strict, dicté par la topographie : cachés au cœur des forêts, les ouvrages de service, entrepôts et logements du personnel assurent la sécurité et l'intimité du Führer.

---

de manière discrète mais efficace, l'ensemble de l'administration du régime nazi. Sa proximité avec Hitler faisait de lui un interlocuteur incontournable, capable de filtrer et de modeler l'information avant qu'elle n'atteigne d'autres hauts responsables.

2. Le Gästehaus (pavillon d'invités) et le Kampfhäusl (la petite maison de combat) sont des lieux où se tenaient les réunions de propagande.

C'est au Berghof que l'on voit Hitler jouer avec son chien, se promener, travailler (un peu) et manger. On sait tout ça en grande partie grâce aux films amateur d'Eva Braun, sa compagne, qui filma la vie privée du dictateur et ses amis, sur la terrasse surtout – on voit par exemple Otto Dietrich et Joseph Goebbels débattre en chemises blanches, café à la main – mais aussi à l'intérieur de la résidence, lors du fameux « café et gâteaux ».

De la terrasse, le panorama offre une vue imprenable sur l'immensité montagneuse, comme s'il symbolisait l'étendue du pouvoir que le Führer compte imposer. Dominant la vallée à 1 200 mètres d'altitude, la végétation exubérante – sapins centenaires, prairies alpines – offre un décor pittoresque qui suscite l'admiration de visiteurs en quête d'authenticité, tout en dissimulant la fonction militaire de la résidence. À l'opposé de la spontanéité feinte de cette esplanade, la Grande Salle de la résidence confère à la propriété une dimension quasi royale. Rappelant les fastes des résidences antiques ou médiévales, c'est cette vaste pièce, ornée de mobilier rustique, de tableaux de maîtres anciens et d'un piano à queue, qui est le théâtre des réunions et des briefings militaires qui scellent le destin du Reich. Souvent on y décide du sort de millions de personnes en savourant une tasse de café, ou un gâteau crémeux. Ainsi, l'Obersalzberg demeure le symbole paradoxal d'un régime qui a fait de la montagne un refuge… et de la mort un instrument d'État.

Autre lieu stratégique : à 1 834 mètres d'altitude, à une quarantaine de kilomètres du Berghof, la maison Kehlstein fut construite en 1937-1938 sur ordre de Martin Bormann. Plus qu'un simple salon de thé, ce belvédère possède lui aussi un panorama spectaculaire pour impressionner les invités d'État. On y offre un café corsé agrémenté de pâtisseries locales : un Kaiserschmarrn, effiloché aux raisins et compote de pommes, ou une Bayerische Creme aérienne, alliance subtile de crème fouettée et de gélatine.

Les enregistrements amateurs d'Eva Braun, ces instants volés – rires, discussions informelles, enfants joueurs –, révèlent la dualité d'un régime où la douceur d'un après-midi gourmand cohabite, là aussi, avec la froideur d'une machine d'État, dure, implacable, raciste et génocidaire.

Au Berghof, le pouvoir se lit dans l'assiette

Si le Berghof se présente comme une retraite paisible, derrière ses vastes panoramas et la douceur trompeuse d'un soleil d'automne se cache une discipline implacable qui s'exerce jusque dans chaque assiette. La table du Führer n'est jamais un moment de simple gourmandise : elle incarne l'idéologie nazie, la mainmise du chef, avec un service orchestré au millimètre.

La journée débute généralement vers midi, quand on propose au maître des lieux un jus de cerise en guise d'apéritif. Cette note acidulée, symbole de renouveau, est le premier acte d'un cérémonial culinaire réglé comme une parade militaire. Aucun mets n'échappe au protocole : chaque portion est pesée, chaque texture soupesée, de la coupe du fruit à la pose délicate du verre.

Le premier acte de ce rituel est la soupe d'orge. Sa consistance, ni fluide ni totalement figée, évoque une austérité savamment dosée. Son goût terreux rappelle l'agriculture idéalisée du régime, débarrassée de toute « contamination » industrielle. Les grains ont cuit longtemps pour libérer une palette aromatique rudimentaire, où chaque nuance semble contrôlée.

Le centre de documentation Obersalzberg (Dokumentationszentrum Obersalzberg[3]) conserve un menu daté du 4 juin 1943 : après la soupe, des tartelettes fines à la tomate et à la carotte côtoient une purée de pommes de terre veloutée. Ces mets, simples en apparence, trahissent une volonté de rigueur : l'absence de viande souligne l'obsession végétarienne du Führer, tandis que l'équilibre des saveurs se veut moderniste sans jamais flirter avec l'opulence.

3. Dokumentationszentrum Obersalzberg, Salzbergstraße 41, 83471 Berchtesgaden, Allemagne. Site Internet : https://obersalzberg.de

Le dîner démarre par un verre de jus d'orange, prélude à une soupe d'orge aux câpres : les petites touches salées apportent une pointe d'audace à la sobriété du plat. On sert ensuite un pain croustillant, une pâte de jaune d'œuf et de farine à l'amertume subtile, qui agrémente soupes et potages, et un fromage allégé rehaussé d'une pincée de paprika. Chaque bouchée traduit la dualité du régime : sain en apparence, coercitif en conception. Avant de clore le service, le tyran goûte une bouillie de graines de lin, épaisse et austère, ultime promesse d'une pureté retrouvée. Fidélité au dogme avant tout : pas un grain ne doit échapper au contrôle de la cuisine.

Au-delà de leur fonction nutritive, ces menus servent une mise en scène politique. Le végétarisme n'est pas qu'une question de santé : il devient allégorie de pureté morale et de rupture totale avec le passé bourgeois jugé décadent. Chaque plat se lit comme un énoncé idéologique, où la retenue gustative se mue en discipline de l'âme.

Dans ce microcosme montagnard, les repas suivent le même calendrier d'État que les réunions d'état-major ou les briefings militaires. Les collations, légères et minutieusement planifiées, ponctuent les transitions sans jamais relâcher l'emprise du pouvoir. Convivialité feinte et efficacité implacable se superposent à chaque service. Dans la cuisine du Berghof, le menu devient ainsi un instrument politique, révélant que, pour un régime totalitaire, dominer l'assiette revient à dominer les esprits et qu'en gastronomie comme en politique, c'est toujours dans le détail, où se noue l'exercice de l'autorité.

CHAPITRE 2

À la table d'Hitler (Dis-moi comment tu manges, je te dirai quel dictateur tu es)

Parfois, le destin choisit une âme sans crier gare, la propulsant, contre toute attente, au cœur des tourbillons irrésistibles de l'histoire. Sans remonter très loin dans le temps, des personnes ordinaires voient leur existence se mêler à celle de tyrans.

Ainsi, le chef Karim Toma Ismail a passé près de quinze ans à travailler dans les cuisines des résidences privées et des palais irakiens de Saddam Hussein.

Kenji Fujimoto, né en 1947, est un chef japonais qu'en 1988, Kim Jong-il choisit comme cuisinier personnel. Envoyé à Pékin pour un thé Oolong millénaire, à Prague pour une bière artisanale d'exception, et à Bangkok pour la papaye la plus parfumée, il a parcouru le monde à la recherche d'ingrédients rares. Ses missions reflètent l'obsession du détail du dirigeant, qui transformait chaque repas en démonstration de prestige.

Cuisinière personnelle d'Adolf Hitler, Constanze Manziarly connut un destin singulier au service du régime nazi. Après la Seconde Guerre mondiale, elle n'a pas pu témoigner car elle disparaît en avril 1945 à Berlin, sans laisser de traces.

Originaire du Tyrol et formée à l'enseignement de l'économie domestique, elle voit sa trajectoire bouleversée en mars 1944, lorsqu'elle est affectée en urgence à la résidence d'été du Führer, en Bavière. Investie du rôle inattendu de cheffe personnelle, elle évolue dans un univers où la cuisine devient un instrument de pouvoir. Chaque plat, exécuté avec une précision quasi clinique, participe à un rituel imposé, transformant l'acte culinaire en outil de contrôle.

Derrière la quiétude apparente du cadre alpin se cache une tension constante : le goût s'efface devant les exigences autoritaires du régime. En avril 1945, à l'approche de l'effondrement du Reich, ce décor se métamorphose brutalement. La chaleur feutrée de la demeure bavaroise cède la place à l'ambiance glaciale et oppressante du Führerbunker, le bunker du film *La Chute*[1], marquant

---

1. *Der Untergang* est un drame historique allemand réalisé par Oliver Hirschbiegel et sorti en 2004.

ainsi l'entrée dans la dernière phase d'un récit sinistre qui va se terminer dans l'urgence et la désolation.

L'histoire de cette cuisinière, originaire d'Innsbruck, demeure une énigme aussi intime que dérangeante. Dans le long-métrage *La Chute*, une brève réplique immortalisée sur pellicule permet même au nom de Mlle Manziarly de s'inscrire furtivement dans l'imaginaire collectif. Adolf Hitler – interprété par l'incroyable acteur Bruno Ganz – goûte, d'un geste mécanique, une assiette de pâtes à la sauce tomate et, presque distrait, remercie sa cuisinière en prononçant ces mots qui, bien que succincts, portent l'amertume d'un pouvoir déchu qui, jusqu'au bout, pense pouvoir retourner la situation et gagner la guerre : « C'était très bon, Mademoiselle Manziarly. » Ce clin d'œil cinématographique, bien que bref, montre combien cette cuisinière, encore aujourd'hui fantomatique aux yeux des historiens, fut un personnage indispensable dans le théâtre absurde de la fin du Troisième Reich.

Ces éléments sur Constanze Manziarly, on les doit à un historien local d'Innsbruck, Stefan Dietrich, qui a récupéré treize lettres manuscrites ayant été soigneusement conservées par la sœur aujourd'hui disparue de la cuisinière. À la fois intimes et glaçants, ces documents dressent le portrait d'une femme exténuée, accablée par le fardeau de devoir remuer quotidiennement le couteau dans la plaie – non seulement pour le dictateur, mais aussi pour d'autres figures majeures du régime nazi.

L'excentricité de ce régime à la dérive, déjà dérisoire, se matérialisait, comme on l'a vu, dans la précision diététique imposée par Hitler. Dès la fin des années 1930, il affirme adopter un régime végétarien principalement pour des raisons de santé. Hypocondriaque, il souffre de troubles digestifs attribués à la consommation de viande et associe lui-même le végétarisme à une forme de purification corporelle et morale. À partir de 1937-1938, ses repas quotidiens se composent essentiellement de légumes divers (chou, carottes, haricots), de légumineuses, de pommes de terre, de soupes épaisses et parfois d'œufs ou de produits laitiers. Il évite café et alcools forts, préférant des infusions et buvant parfois un verre de vin léger. Les témoignages de ses proches collaborateurs confirment que la viande et le poisson disparurent presque totalement de son menu.

Hitler ne possédait ni traités ni guides culinaires spécialisés sur le végétarisme. Ses considérations sur le sujet sont surtout consignées dans *Libres propos d'Adolf Hitler*, où il exalte la vigueur des herbivores – cheval, éléphant – par rapport aux carnivores, et envisage un avenir où « l'humanité embrasserait le végétarisme[2] ».

---

2. Schroeder, Christa, *« C'était mon chef » : Mémoires de la principale secrétaire d'Hitler*, traduit de l'allemand par Marie Kastner-Uomini, préfacé par François Kersaudy, Perrin, 2024.

Goebbels note dans son journal, le 26 avril 1942, l'ardeur avec laquelle le Führer souhaitait imposer ce régime « à toute la nation » après la guerre, signe de l'importance idéologique qu'il accordait à ce choix alimentaire. Refuser le plaisir gustatif devenait un acte de loyauté au Reich et à la santé du peuple. Si certains historiens y voient, pour Hitler, un simple souci d'image et de santé personnelle, d'autres estiment que ces habitudes alimentaires participaient à forger son autorité morale et à renforcer son discours hygiéniste sur la supériorité du sang et de la race.

La cigarette et l'alcool sont bannis de son entourage, reflet d'une aversion précoce pour l'intempérance : il n'aurait été ivre qu'une fois, à 13 ans, gage de sa discipline dès l'adolescence. L'alcool est associé à une perte de contrôle et aux addictions. Certains évoquent seulement l'usage de médicaments dans les derniers mois de la guerre. Et cette ascèse était bien plus qu'une question de santé : c'est une doctrine politique, où la privation se fait arme.

Quelques entorses sont tout de même documentées… Rochus Misch, l'aide de camp d'Hitler, rapporte un unique repas de pigeon farci en 1941 lors d'un voyage en train, tandis que d'anciens serveurs évoquent un plat de pigeonneau avant 1937. Les lettres de Constanze Manziarly à sa sœur sont encore plus intéressantes parce qu'elles témoignent d'écarts alimentaires plus réguliers du dictateur. « Je fais beaucoup de pâtisseries tous les jours, souvent pendant des heures, mais le soir, tout est toujours parti », confie-t-elle. Ainsi, si au dîner Hitler se contente de repas frugaux, en cachette, il se laisse aller aux pâtisseries préparées par Constanze et ses aides ! Tout en affichant un contrôle sans faille le jour, la cuisine du bunker devient, la nuit, le théâtre de moments de dissonance… Le dictateur cède à des élans de gourmandise incontrôlée. Est-ce à de rares moments ou de manière systématique que le tyran se lève la nuit pour assouvir ce besoin de dégustation des gâteaux de la cuisinière ? Les treize lettres envoyées à la sœur de Constanze ne tiennent pas un décompte, mais elle s'en plaint suffisamment pour comprendre qu'il ne s'agit pas d'un acte isolé.

Ce contraste entre austérité publique – le chef des armées limitait même le dessert à une unique pomme râpée lorsqu'on aurait pu en prévoir deux – et festin privé trahit la véritable « soupape » de son ascèse. Comme souvent dans les dictatures, il y a le verbe, ce que l'on dit, et ce que l'on fait vraiment. Les régimes totalitaires reposent sur une rhétorique morale extrêmement stricte qui, en pratique, se brise contre la réalité.

On observe d'ailleurs le même double jeu sur le plan sexuel : les nazis proclament la défense d'une « famille traditionnelle » et de la pureté des mœurs, tout en entretenant des réseaux de prostitution ou en fermant les yeux sur les écarts de leurs élites. D'un côté, la propagande célèbre la femme-mère et condamne l'homosexualité comme « déviance », de l'autre, plusieurs cadres de la

SS fréquentent des maisons closes clandestines, et Hitler, pourtant chantre de l'abstinence, multiplie les liaisons avec Eva Braun et d'autres femmes de son entourage[3]. C'est dans ce même esprit qu'il prône le végétarisme comme preuve de sa discipline et de sa compassion, mais s'autorise, en privé, quelques écarts carnés. Goebbels, malgré ses austères sermons anti-alcool, organise des banquets qui débordent de champagne et caviar[4]. En ex-URSS, les purges staliniennes s'appuyaient sur une rhétorique de « lutte contre l'immoralité », alors que les dirigeants encourageaient la délation sexuelle pour contrôler leurs adversaires[5]. Rien d'étonnant à cela, c'est le propre des tyrannies et des états totalitaires, qui instrumentalisent la norme pour souder la population autour d'un ennemi intérieur, tout en s'arrogeant le droit d'en être eux-mêmes l'exception permanente.

Pour se protéger d'éventuelles fuites d'informations et pour dissimuler la véritable nature de son supérieur, Constanze Manziarly adopte, dès octobre 1944, un système de codes dans ses correspondances. Dans ces lettres où chaque mot semble pesé et chaque silence chargé d'un secret, Hitler est désormais désigné sous le pseudonyme

3. On peut à cet égard se référer notamment à la biographie d'Eva Braun (Gôrtemaker, Heike B., *Eva Braun: Life with Hitler*, Havard University Press, 2010) et à une étude de la relation entre Hitler et sa nièce Geli Raubal (Hamann, Brigitte, *Geli Raubal: Hitler's Niece*, Yale Universiy Press, 2005).

4. Roudaut, Christian, *À la table des tyrans*, Tallandier, 2024, p. 89-93.

5. Fitzpatrick, Sheila, *Everyday Stalinism*, Oxford University Press, 1999, p. 112-118.

d'« Oberarzt » – un titre médical allemand signifiant « médecin-chef » ou « chef de clinique ». La cuisinière n'emploie jamais le mot de Führer ou le nom d'Hitler. Le Berghof se transforme en Kurheim (« maison de cure »), rappelant l'atmosphère froide d'un sanatorium, tandis que la chancellerie du Reich à Berlin devient Erholungsheim, ou « maison de loisirs ». Parmi les SS, Constanze se voit attribuer le sobriquet de « Mademoiselle Marzipani », une moquerie cruelle, en référence au massepain (marzipan en allemand).

Le 30 avril 1945, alors que le régime nazi agonise, le destin de la jeune femme prend une tournure tragique. Ce soir-là, elle dresse, avec une routine presque irréelle, un dernier repas destiné à un « patron » qui s'apprête à mettre fin à ses jours. Elle lui prépare et présente des œufs au plat accompagnés d'une purée de pommes de terre, avec professionnalisme, comme elle en a l'habitude, ignorant que le monde va bientôt être libéré du tyran sanguinaire. Hitler a, en effet, opté pour une fin misérable en se tirant une balle dans la tête. Ce repas funeste relève moins d'un élan de dévouement que d'une tentative désespérée de perpétuer un rituel où l'ordre, aussi illusoire soit-il, doit être maintenu jusqu'au dernier instant.

Deux jours après cette cérémonie silencieuse, alors que le génocidaire est mort et que les murs étouffants du bunker semblent implorer un semblant de rédemption, Constanze, aux côtés de la secrétaire d'Hitler, Traudl Junge[6], s'enfuit du complexe militaire avec d'autres membres de l'entourage. Mais la liberté est de courte durée : le 2 mai, au détour d'un couloir obscur, deux soldats soviétiques mettent fin à son errance en l'arrêtant net. Dans un ultime cri mêlé d'incompréhension et de défi, elle lance à ses geôliers : « Ils veulent voir mon passeport ! » Des soldats russes l'emmènent dans le métro et l'on perd sa trace. A-t-elle été exécutée ? Violée ? Emprisonnée ? Nul ne le sait. On n'eut plus jamais signe de vie de la cuisinière d'Hitler.

Lorsque l'on retrouva son journal intime, accompagné de lettres et de témoignages, la simple note inscrite sur un menu – « F. a bien mangé » – est un détail extrêmement révélateur. Ce commentaire, discret écho du passé, révèle encore une fois l'attention méticuleuse absurde portée à la nourriture dans ce régime, qui fondait autant son autorité sur les rituels quotidiens et les protocoles que sur la terreur.

Hitler et la crainte de l'empoisonnement

Margot Woelk (parfois orthographié Wölk) naît le 27 décembre 1917 à Schmargendorf, un quartier de Berlin.

---

6. Traudl Junge, de son vrai nom Gertraud Humps, fut la secrétaire particulière d'Adolf Hitler de septembre 1942 jusqu'à son suicide le 30 avril 1945. Elle l'accompagna dans son Führerbunker à Berlin, où elle dactylographia ses directives, fit en dictée son testament et géra sa correspondance personnelle.

Issue d'un milieu hostile au nazisme – son père a refusé d'adhérer au NSDAP et en a payé le prix –, Margot vit une jeunesse qui, en apparence, ne présage rien d'extraordinaire. Mariée en 1939, elle mène une existence banale jusqu'à ce que, durant l'été 1942, les bombardements alliés forcent de nombreux Berlinois à chercher refuge. À l'âge de 24 ans, elle s'exile chez sa belle-mère à Groß-Partsch, un village proche de Kętrzyn (dans l'actuelle Pologne), ce qui va bouleverser irrémédiablement sa destinée.

Alors que l'inquiétude de l'empoisonnement d'Hitler, atteint d'une paranoïa extrême, circule dans tout le Reich, un dispositif insolite est mis en place dans la Wolfsschanze, le quartier général isolé du Führer en Prusse-Orientale. En 1942, un groupe de quinze jeunes femmes est sélectionné pour goûter quotidiennement la nourriture destinée au dictateur, afin de s'assurer qu'aucun ingrédient n'est altéré par un empoisonnement. Chaque matin, lorsque Hitler est présent à la Wolfsschanze, avant même l'aube, Margot et une dizaine d'autres femmes sont transférées, dans des conditions éprouvantes, depuis leur casernement vers un autre baraquement. À 11 heures précises, les assiettes sont disposées sur une grande table de bois, remplies de mets soigneusement préparés. Les plats végétariens se composent de riz, pâtes, poivrons, petits pois et choux-fleurs. Les jeunes femmes doivent tout manger, puis attendre une heure entière sous surveillance pour s'assurer qu'aucun poison ne provoque de réaction fatale. Ce rituel, chargé de tension, pousse certaines camarades à éclater en sanglots, dus à l'angoisse et au soulagement de constater qu'elles ne vont pas mourir.

Margot Woelk est la seule survivante de ce groupe de femmes. Alors que ses compagnes disparaissent dans l'ombre de la défaite nazie – certaines finissant tragiquement lors du retrait et de la prise de la Wolfsschanze par l'Armée rouge –, Margot garde le silence pendant des décennies. Ce n'est qu'en 2012, deux ans avant son décès, qu'elle a le courage de dévoiler son horrible expérience aux médias allemands.

CHAPITRE 3

Göring, l'ogre ou l'antithèse absolue

On a vu que l'hypocrisie est au cœur des régimes dictatoriaux, que les dignitaires nazis se présentent souvent comme les gardiens d'une morale rigoureuse – pureté raciale, ascèse sexuelle, frugalité –, quand nombre d'entre eux mènent une vie privée en plein décalage avec ces principes.

Heinrich Himmler, chantre de la « famille aryenne » et architecte des lois sur la pureté du sang, a une double vie. Marié à Margarete Boden, il entretient en parallèle une liaison avec sa secrétaire Hedwig Potthast, dont il a deux enfants illégitimes. Alors qu'il ordonne l'extermination des « vies indignes » pour préserver la « race », il préserve jalousement ce secret familial.

Joseph Goebbels, fervent propagandiste de la sobriété et du rejet de l'« individualisme bourgeois », dénonce l'alcool comme vice corrupteur. Pourtant, ses banquets privés sont arrosés de champagne et de liqueurs de luxe, et Magda Goebbels loge ses six enfants dans un palais, bien loin de l'image spartiate qu'il vante à la radio. Cette comédie morale culmine lorsqu'il fait empoisonner ses propres enfants, sacrifiés sur l'autel de la loyauté au Führer.

Dans ce bal des hypocrites, Hermann Göring est une caricature version XXL. Lui qui promet la répression impitoyable de la corruption, se taille un empire personnel fondé sur le pillage de biens juifs et l'accaparement d'œuvres d'art de valeur inestimable. Il se goberge en permanence, profite d'un luxe grotesque et démesuré, et sa volonté féroce d'accumuler les biens d'autrui n'a d'égal que son appétit gargantuesque. S'il y a bien un dignitaire nazi qui est le contre-exemple de la pureté et de l'ascétisme prônés par le régime, c'est bien le numéro deux officiel.

Un collectionneur de grands crus

Au détour d'une recherche sur Hermann Göring, je suis tombé sur un documentaire étonnant tourné en Moldavie et diffusé en octobre 2003 sur la chaîne TV5 Monde[1]. Cela peut surprendre, mais mon enquête m'a conduit jusque dans une drôle de cave, près de Chișinău, « ville blanche baignée d'une mer verte » et capitale de la Moldavie, une ancienne république

---

1. Sarfati, Mathieu, *La Cave aux trésors*, diffusé sur TV5 Monde en 2003.

soviétique, coincée entre la Roumanie et l'Ukraine. Là, il suffit de parcourir quelques kilomètres pour se retrouver au cœur des vignobles et découvrir, à Cricova, des galeries immenses d'un autre temps : 53 kilomètres de souterrains[2], où plus d'un million de bouteilles sont entreposées. Un lieu incroyable, méconnu, car la Moldavie attire peu les touristes[3]. Pourtant, ce pays en proie à de graves difficultés économiques ne ménage pas sa peine pour vanter sa culture viticole, inscrite dans l'ADN du pays (20 % du PIB de la Moldavie provient de l'économie du vin).

Dans ces souterrains pommelées d'humidité, les étiquettes sont illisibles, mais un écriteau doré, monté sur un support, indique les origines, avec des noms de domaines, qui mettent tout de suite des étoiles plein les yeux : « Château Mouton Rothschild Pauillac, 1er cru classé, 1936. » Tout près, dans des alvéoles similaires, d'autres noms tout aussi illustres : « Richebourg – Domaine de la Romanée-Conti, 1935. » Château Margaux, Château Lafitte-Rothschild, Yquem... Que des grands crus, plus prestigieux les uns que les autres.

---

2. La légende veut qu'en 1966, l'astronaute Youri Gagarine fût tellement impressionné par sa visite, qu'il se serait perdu dans ce labyrinthe durant deux jours. À sa sortie, il aurait déclaré qu'il avait « eu plus de facilité pour sortir de la navette spatiale que des caves de Cricova ». La Russie soviétique aimait bien raconter de telles légendes... Mais il est vrai que ces caves sont tellement vastes que les employés se déplacent à vélo.

3. Si, chaque année, plus de 22 000 Roumains voyagent dans ce pays frontalier, les touristes français sont à peine plus de 2 000 à s'y rendre.

Ces 455 bouteilles mythiques, dont certaines valent plus de 10 000 euros pièce[4], reposent dans des niches calcaires, et à une température parfaite. Elles appartiennent à la collection « historique » de Göring[5], ce Falstaff du nazisme, élevé au rang de maréchal du Reich, et ministre de l'Aviation. « Ce jouisseur cynique de près de 127 kg était un fin amateur de vins. Toxicomane et mégalo, il accumulait ses butins pour meubler ses palais. Et parmi les trésors de ses innombrables rafles artistiques – qui le sait ? – le vin occupait une place de choix[6]. »

Les informations sur le trajet des bouteilles raflées par Göring jusqu'en Moldavie sont bien maigres. On suppose qu'en 1945, lors de la débâcle des troupes allemandes, l'Armée rouge met la main sur cet incroyable butin. Les officiers soviétiques en informent le Kremlin, puis tout se perd dans les chemins tortueux et mystérieux de l'URSS stalinienne. « Les troupes des pays de l'Est se seraient partagé ces trésors, explique Frantz Vaillant. Une partie de cette collection est revenue à Cricova, le

—

4. Un sauternes Château d'Yquem de 1921 est coté 10 124 euros, un millésime de 1919 atteint les 11 307 euros. Un romanée-conti grand cru 1923 vaut 13 160 euros ! Il y a d'autres bouteilles exceptionnelles telles que le vin « Ierusalim de Pasti » (« Jérusalem de Pâques »), la liqueur « Ian Beher » (récolte de l'an 1902), aux côtés de 158 autres appellations de Bourgogne, Moselle, Tokaj…

5. Les collections historiques de Cricova contiennent des bouteilles de prestige, mais celle de Göring est la seule d'un dignitaire nazi.

6. Vaillant, Frantz, *Moldavie : boire Cricova et puis mourir*, TV5 Monde [en ligne], 28 mai 2015. Disponible à l'adresse : https://information.tv5monde.com/international/moldavie-boire-cricova-et-puis-mourir-23257

reste fut dispersé entre les différentes républiques soviétiques. Cricova hérita donc de près de 5 000 bouteilles d'exception[7] ! »

Des oligarques soviétiques ont-ils bu ces crus ? Le Géorgien Staline, notamment, qui avait la réputation d'avoir une « bonne descente[8] » ? On voit mal comment la nomenklatura communiste aurait pu résister au bouquet d'un saint-émilion ou à de grands sauternes, surnommés le « lait des gourmets ».

Historien bourguignon ayant travaillé sur les archives du Kominterm à Moscou, Jean Vigreux m'a confié[9] que des informations sur cette fameuse collection Göring dormaient probablement dans des dossiers des services secrets russes. Impossible, hélas, d'aller le vérifier depuis février 2022, lorsque Poutine décida d'envahir l'Ukraine. Depuis les relations avec la Russie sont gelées.

Rare dirigeant nazi élevé dans un environnement aristocratique, Hermann Göring passe la plus grande partie de son enfance dans le château de Veldenstein, à 30 kilomètres au nord-est de Nuremberg, appartenant à son parrain, Hermann von Epenstein, médecin anobli d'origine juive. Esthète, mondain, épicurien obsessionnel,

---

7. Vaillant, Frantz, *op. cit.*

8. En 2014, la critique de vin américaine Alice Feiring révèle que, d'après son vigneron attitré, Staline buvait à lui tout seul 100 bouteilles de vin par mois.

9. Entretien avec l'auteur en 2019 et 2023.

l'ancien pilote de chasse Göring se rêve en « homme de la Renaissance » et nourrit un appétit d'ogre insatiable. C'est un collectionneur de vanités. Le décompte de ses propriétés et possessions est impressionnant[10].

Officiellement numéro deux du régime – même s'il a compris très vite qu'il avait moins de pouvoir que Goebbels, chargé de la propagande du Reich, ou qu'Himmler, l'architecte de la « Solution finale » –, le Reichsmarschall voue une passion presque maladive aux uniformes, aux appellations ronflantes et aux émoluments qu'il estime dus à son rang. Il aime collectionner les titres officiels : ministre sans portefeuille en charge du plan de quatre ans, maréchal du Reich, général d'infanterie, SS-Brigadeführer, grand veneur impérial (Reichsjägermeister), maître forestier du Reich, etc. Il possède quatre trains spéciaux (dont l'un est équipé d'une boulangerie), plusieurs yachts, une villa à Berlin, une maison dans l'Obersalzberg, le pays d'adoption d'Hitler, sept pavillons de chasse en Poméranie et de nombreux châteaux.

La résidence que Göring affectionne par-dessus tout est Carinhall (« la Maison de Carine »), baptisée ainsi en hommage à sa première épouse, l'amour de sa vie, emportée par la tuberculose en 1931. Ce château, sur les bords du Großdöllner See, un lac naturel dans le Brandebourg

10. Lire sur ce sujet : Les Archives diplomatiques et Dreyfus, Jean-Marc, *Le Catalogue Göring*, Flammarion, 2015.

au nord de l'Allemagne, tient à la fois de la bâtisse néoclassique et du château d'un satrape oriental. À Carinhall, la grande galerie mesure 34 mètres de long sur 5 de large, le sol est en marbre et les murs couverts de tapisseries des Gobelins. Göring a même fait installer une fosse aux lions, avec de vrais fauves empruntés au zoo de Berlin, qu'un domestique parfume… à l'eau de Cologne !

Un gastronome à croix gammée

Figure incontournable du Troisième Reich, Göring se distingue autant par la brutalité de son pouvoir que par une passion singulière pour la gastronomie. Pour lui, chaque banquet est une véritable mise en scène où l'art culinaire est l'écho de son extravagance. Bien au-delà d'un simple repas, ses réceptions sont des déclarations de supériorité, minutieusement orchestrées pour afficher le luxe et l'abondance dans un contexte où, hélas, la pénurie sévit ailleurs.

L'un des épisodes les plus révélateurs se déroule lors d'un dîner grandiose dans la vaste enceinte du Sportspalast de Berlin. Là, sous le scintillement de lustres imposants et le cliquetis précis de vaisselle en cristal, le dignitaire fait le choix d'un menu élaboré mêlant finesse et audace. Les convives peuvent déguster, par exemple, une volaille rôtie subtilement imprégnée d'arômes d'épices orientales, accompagnée de garnitures à base de légumes de saison et de sauces relevées d'un soupçon de truffe. Chaque plat est pensé comme une œuvre d'art culinaire, reflétant à la fois les traditions germaniques et une certaine influence méditerranéenne savamment intégrée.

Un rituel hebdomadaire vient préciser l'étendue de sa quête de la perfection gastronomique. Chaque jeudi, le petit avion personnel de Göring s'envole à destination d'Istanbul, pont entre l'Orient et l'Occident. Sur place, il s'approvisionne en homards fraîchement pêchés – ces crustacés raffinés et évalués à environ 7,50 dollars la pièce de l'époque – ainsi qu'en caviar d'exception, fin et délicat, se négociant à environ 15 dollars la livre. Cet approvisionnement régulier ne tient pas de la simple lubie : il matérialise une volonté implacable de se doter des ingrédients les plus rares, faisant de ses tables une véritable démonstration d'exotisme et de luxe.

Des archives d'époque font état d'un intérêt marqué pour d'autres spécialités gastronomiques. On évoque, par exemple, des préparations de foie gras travaillées avec soin, ou encore des pâtés où la viande est sublimée par des assaisonnements subtils, tendant vers une fusion entre la rigueur de la cuisine allemande et la sensibilité des techniques françaises.

Comble de l'ironie, plus Göring grossit, plus il programme de somptueuses réceptions, plus il planifie la famine dans les pays de l'est de l'Europe. Après avoir été nommé maréchal du Reich, il reçoit les pleins pouvoirs pour l'exécution du Plan de la faim (Hungerplan) le 29 juin 1941. Hitler lui a remis le dossier vert (Grüne Mappe), le plan global d'exploitation économique des territoires confiés à l'Est. À ce titre, il supervise la réquisition systématique des récoltes soviétiques au profit de la Wehrmacht et de la population allemande, sans tenir compte des conséquences sur les civils occupés. Cette dualité illustre le cynisme du pouvoir nazi, l'hypocrisie extrême entre sa pratique et la rhétorique de sacrifice et d'autarcie qu'il impose aux Allemands.

Dans les entrailles du Nid d'aigle

Le 25 avril 1945, les Britanniques bombardent l'Obersalzberg, en Haute-Bavière (Allemagne). Le Berghof est partiellement détruit. Le 4 mai suivant, quatre jours après le suicide d'Hitler et face à l'avancée des troupes alliées dans la région, les SS mettent le feu à la résidence d'été d'Hitler. Quelques heures plus tard, la 3e division d'infanterie américaine y arrive en compagnie d'une unité de la division Leclerc. Les Français y découvrent des kilomètres de bunkers souterrains abritant des objets d'art pillés dans toute l'Europe, mais aussi des milliers de bouteilles de grands crus, et des tonnes de victuailles. Pourquoi autant de vin ? Hitler ne buvait pas d'alcool, mais il avait chargé son fidèle Hermann Göring de constituer une cave d'exception destinée à ses convives. Le Berghof, cette « zone réservée du Fürher » (Führersperrgebiet), était le deuxième lieu de pouvoir après Berlin : Hitler y a reçu beaucoup de dignitaires étrangers.

Hermann Göring y aurait entreposé à la hâte une partie de ses trésors et flacons. Le 20 avril 1945, ce dernier quitte sa résidence Carinhall pour ne jamais y revenir. Afin de l'empêcher de tomber dans les mains de l'Armée rouge qui approche, il donne l'ordre de dynamiter son immense pavillon de chasse, et fait transporter ses bouteilles et ses œuvres d'art dans les souterrains du Berghof…

Selon les témoignages des vétérans de la division Leclerc, se trouvaient donc là un demi-million de grands crus. Il existe plusieurs récits de soldats français découvrant ces lieux, en ce mois de mai 1945. Ancien de la 2e division blindée, alors âgé de 21 ans, le Nancéien Jean Jaubert a raconté, soixante-dix ans après, dans les colonnes de *L'Est républicain*[11], sa découverte du fameux Berghof : « Je me souviens d'une immense maison gardée par les troupes américaines. Dans un salon, il y avait un piano à queue laqué blanc sur lequel un soldat jouait du Chopin. J'ai profité que les soupiraux de la cave n'étaient pas surveillés pour faire une descente et prélever un tribut de guerre : une bouteille de volnay 1929 que j'ai bue le jour de la victoire. Par la suite, j'ai mentionné ce fait dans

---

11. HEMARDINQUER, Didier, « Le 8 mai 1945, le Nancéien Jean Jaubert arrosait la victoire en buvant le vin du Führer », *L'Est républicain*, 8 mai 2015. Disponible à l'adresse : https://www.estrepublicain.fr/edition-de-nancy-ville/2015/05/08/8-mai-arrose-au-volnay-du-fuhrer

un courrier au maire de Volnay et j'ai joint une photo de l'étiquette. Il m'a adressé, en retour, une caisse de vin. » Le volnay, une appellation côtes de Beaune, comporte 29 climats[12] classés en premier cru. Des vins que l'on dit féminins : rubis vif, grenat clair, ses arômes chantent la violette, la groseille, la cerise et, avec l'âge, les épices, le gibier et le pruneau cuit.

Le soldat Jaubert a pieusement conservé le menu du dîner de ce 8 mai 1945 que se sont offert ces militaires français et américains en se servant dans les chambres froides, les celliers et les caves du Führer : hors-d'œuvre variés, rosbif « Mimile », haricots maître d'hôtel, frites « Beverley », fromage, œufs à la neige, confiture, café et, bien sûr, cette bouteille de volnay, qui n'était qu'un minuscule échantillon puisé dans l'immense collection de grands crus.

Connu pour son goût obsessionnel des mondanités, Göring a donc entrepris de dévaliser les grands celliers français comme ceux du célèbre restaurant la Tour d'Argent, quai de la Tournelle, à Paris. Toutefois, il n'arrive pas à tout confisquer : l'ancien propriétaire du lieu, feu Claude Terrail, emmure à la hâte une partie de sa cave dans la nuit du 14 juin 1940, alors que les troupes allemandes pénètrent dans la capitale. Échappent

12. Les climats en Bourgogne sont des petites parcelles délimitées de vignes remarquables, dont la spécificité est d'associer étroitement la qualité gustative de leur production à la parcelle dont elle est issue.

notamment à leur boulimie, un Château Citran 1858, un Château Gruaud-Larose 1870, un Château d'Yquem 1871, un Château Rayne-Vigneau 1874, un clos-de-vougeot 1870, un romanée-conti 1874, et d'autres[13].

Hermann Göring a organisé l'importation d'autres vins français vers l'Allemagne pour son compte personnel. Le numéro deux du régime a, par exemple, mis la main sur un dixième des stocks du Château Mouton Rothschild, le mythique grand cru classé de Pauillac. Mais les ponctions du ministre de l'Aviation donnent lieu à une sorte de mythologie : pour résister à l'appétit vorace des nazis pour les joyaux de notre pays, des professionnels patriotes leur auraient vendu de la piquette, ou de savants mélanges dans lesquels les vins algériens domineraient derrière les étiquettes luxueuses de grands crus.

En réalité, s'il y a bien eu des tonneaux qui contenaient de la piquette, les Weinführer, les responsables allemands des achats de vins français – des négociants professionnels francophones et francophiles qui ont fait des affaires avec leurs amis français avant, pendant et après la guerre –, ne sont pas dupes. Ces hectolitres de vinasse sont en fait destinés aux troupes de la Wehrmacht. Bien entendu, lorsqu'il s'agit d'alimenter les hauts dignitaires du régime, les Weinführer sont beaucoup plus regardants… N'oublions

13. En 2009, la Tour d'Argent a organisé une vente aux enchères de ses grands crus, mais ces bouteilles citées reposent encore dans les sous-sols de ce restaurant, symbole de l'art de la table à la française.

pas que Berlin a pris soin d'inclure dans la zone occupée, et pas seulement pour des raisons militaires, les deux plus importantes régions viticoles du monde, celles de toutes les envies, de tous les fantasmes : Bordeaux, la capitale mondiale du vin, et la Champagne, dont l'appellation est unique au monde.

Un corps qui change

Dans ses jeunes années, Hermann Göring symbolise l'image du conquérant, le pilote audacieux épris de vitesse et d'exploits. Dans le ciel embrasé de la Première Guerre mondiale, il cultive une allure de virilité affirmée par une discipline martiale, une posture fière et une énergie débordante. Ces moments d'ascension, gravés dans la mémoire collective, semblent promettre un destin grandiose où la force physique et la bravoure se conjuguent. Pourtant, derrière cette image exaltée se cache, déjà, une dualité – un rapport à la vie qui, au fil des ans, va se décomposer en une succession de contrastes saisissants.

Alors que les exploits aériens et l'adrénaline des batailles lui insufflent, jeune, une vigueur incontestable, peu à peu, ses excès alimentaires et ses comportements défient toute logique de rigueur physique. Le corps de Göring perd ses muscles et se retrouve enlisé dans une décadence que peu auraient imaginée. Les dernières années de sa vie sont marquées par une diminution notable de toute activité physique réelle. La chasse, jadis l'occasion de renouer avec un instinct naturel et de prouver sa virilité, se transforme en une simple formalité, une activité accessoire incapable de compenser les excès accumulés lors de fastes interminables.

La déchéance d'Hermann Göring se lit comme la manifestation d'un pouvoir qui se désagrège de l'intérieur. C'est précisément cette existence princière qui, selon Antonio Scurati, professeur de littérature à Milan symbolise le renversement tragique d'un dirigeant jadis agile, désormais captif de ses plaisirs et d'une obésité chronique. Scurati, qui coordonne un groupe de recherche sur les langages de la guerre et de la violence, évoque la silhouette d'un Göring en proie à des maladies liées à l'excès (diabète, goutte). Son corps gras reflète la gangrène interne du Reich, affaibli par ses contradictions et son appétit insatiable[14].

Un autre historien, Richard J. Evans[15], montre comment les dépenses et les festins gargantuesques de ce dignitaire, couplés à une pharmacopée outrancière de stimulants et de barbituriques, ne servent pas seulement à satisfaire un goût du luxe, mais à masquer la désertion progressive des convictions nazies et la désorientation politique du régime. Là où Adolf Hitler cultive une austérité ostentatoire pour renforcer son image de maître de la discipline, Göring,

—

14. Scurati, Antonio, *M, l'homme de la providence*, Les Arènes, 2021, p. 312-318.

15. Evans, Richard J., *The Third Reich in Power, 1933-1939*, Penguin Press, 2005 et, du même auteur, *The Third Reich at War, 1939-1945*, Penguin Press, 2008.

son successeur désigné, se réfugie dans l'orgie pour dissimuler le vertige de l'échec : chaque festin, chaque cigare, chaque parure militaire deviennent autant de remparts contre l'effondrement psychologique et institutionnel du régime qui s'amorce dès 1943.

PARTIE IV

L'ALIMENTATION, UN INSTRUMENT DE MORT

CHAPITRE 1

Éliminer les bouches « inutiles »

La politique d'exaction et de mort par famine en Europe de l'Est

Dès 1936, le Troisième Reich met en œuvre un vaste plan quadriennal confié à Hermann Göring, dont l'un des objectifs centraux est de garantir l'autarcie alimentaire de l'Allemagne face à la menace d'une famine. Dans l'inconscient collectif germanique, il y a encore ce blocus britannique, ces privations de nourriture, ces corps dénutris et ces émeutes de la faim, qui ne remontent qu'à une petite vingtaine d'années. En imposant une politique d'autosuffisance, les nazis fondent leur stratégie de guerre sur la conviction que le territoire national, trop exigu et trop densément peuplé, ne peut nourrir durablement son peuple sans l'« acquisition » de terres à l'Est : céréales ukrainiennes, pommes de terre biélorusses et huile soviétique deviennent des ressources vitales à sécuriser pour le Reich.

Cette quête de denrées s'incarne dans le concept de Lebensraum, l'espace vital dont la formulation prend corps sous la plume d'Hitler dans *Mein Kampf*, et s'élabore progressivement au sein du Generalplan Ost. Conçu entre 1939 et 1943, ce plan prévoit donc la conquête, la germanisation et l'exploitation systématique des régions russes pour y implanter des colons et détourner la production agricole au profit des Allemands. Chaque hectare conquis doit nourrir une partie de la population du Reich, et tout excédent humain sur le sol d'origine devient, aux yeux du régime, une « bouche inutile » à éliminer. La guerre contre l'Union soviétique n'est donc pas seulement un conflit idéologique ou stratégique, c'est aussi avant tout une entreprise de prédation nutritionnelle, où la question du pain quotidien sert d'alibi à la conquête et à l'extermination.

La mise en œuvre militaire de cette vision prend la forme concrètement du Hungerplan dès l'été 1941, sous l'autorité directe de Göring, chargé d'exécuter les directives du dossier dit « vert », et devient rapidement l'un des volets les plus cyniques de la politique nazie. Hitler charge Herbert Backe, jusque-là brillant mais obscur ministre chargé de l'agriculture, d'élaborer une stratégie d'économie d'autosuffisance (Selbstversorgungswirtschaft[1]).

---

1. Bundesarchiv, *NS-Planungen*, Rep. 243, vol. 12, p. 45. Le terme « Selbstversorgungswirtschaft », littéralement « économie d'autosuffisance », désigne, sous le régime nazi, l'organisation systématique de la production locale de biens et denrées – agricoles, artisanaux ou industriels – destinée à subvenir aux besoins des différentes entités du Reich (villages, unités militaires, camps de concentration, SS-Farmen). Objectif principal : atteindre l'autarcie en réduisant au maximum les importations et en mobilisant tous les moyens – y compris le

Disciples des théories agrariennes de Richard Walther Darré, Herbert Backe et ses conseillers rédigent un mémorandum dès novembre 1940, en proposant de dépouiller les régions conquises de l'Est de 95 % de leurs céréales et de 85 % de leur alimentation animale, et d'accepter, dans le même mouvement, la mort par la faim de millions de paysans jugés « inutiles » à l'effort de guerre[2]. Les procès-verbaux du cabinet de Backe, validés par le commandement suprême de la Wehrmacht, l'Oberkommando der Wehrmacht (OKW), font état de cette planification démographique et raciale, fondée sur l'idée qu'un espace vital (Lebensraum) ne peut s'étendre sans liquider une partie de ses habitants au préalable[3].

Le lancement de l'opération Barbarossa, le 22 juin 1941, met immédiatement le Hungerplan en action. Structuré autour d'objectifs chiffrés et d'une mécanique logistique implacable, il s'articule en trois axes indissociables.

D'abord, les réquisitions massives : chaque gouvernorat occupé se voit imposer ce prélèvement de ses productions agricoles. Les inspecteurs locaux, secondés par les Einsatzgruppen, les unités mobiles d'extermination, et

---

travail forcé des déportés et travailleurs contraints – pour nourrir la population et soutenir l'effort de guerre sans dépendre de marchés extérieurs.

2. Snyder, Timothy, *Bloodlands: Europe Between Hitler and Stalin*, Basic Books, 2010, p. 78-83.

3. Bundesarchiv, *OKW-Directive 33/41*, Rep. 144, 15 février 1941.

le Sicherheitsdienst, le service de sécurité et de renseignement de la SS, organisent une politique de terreur en catégorisant les paysans entre les « coopérateurs », sommés de livrer leurs récoltes sous la menace des armes, et les « résistants », qui voient leurs greniers détruits et sont déportés en Sibérie ou exécutés sommairement sur place[4].

Ensuite, le blocage total des aides humanitaires : la Croix-Rouge et d'autres organisations sont bannies des zones rurales, et toute tentative de ravitaillement « probolchevique » est neutralisée par Berlin.

Enfin, la priorité absolue des transports ferroviaires et des surplus alimentaires est systématiquement accordée aux unités de la Waffen-SS et aux usines de munitions, entraînant pour les civils d'Ukraine et de Biélorussie une ration quotidienne qui chute dès l'automne 1941 de 1 200 à 300 kilocalories[5]. Cette quantité, inférieure au seuil de survie, provoque un effondrement démographique voulu, planifié et chiffré.

La désorganisation de l'économie locale s'accentue au fil des mois : les réseaux de troc s'effondrent, les marchés régionaux ferment et la famine programmée se répand à travers villages et villes. À l'hiver 1941-1942, cette logique

---

4. Bundesarchiv, *Einsatzgruppen-Bericht*, Rep. 78, n° 34, 2 juillet 1941.

5. Snyder, Timothy, *Bloodlands: Europe Between Hitler and Stalin*, Basic Books, 2010, p. 97-100.

cauchemardesque entraîne donc la mort, non seulement par la faim, mais aussi par le froid et les épidémies qui ravagent les populations affaiblies. Les travaux démographiques estiment que 3 à 4 millions de personnes meurent de ces causes durant cet hiver-là, et que le bilan total dépasse les 4,2 millions de victimes avant la fin de 1942. Timothy Snyder chiffre pour sa part à près de 3,3 millions les victimes enregistrées uniquement en Ukraine en 1941-1942, sans compter les exécutions sommaires et les déplacements forcés. Et pour l'historien Christian Baechler[6], le Hungerplan aurait entraîné le décès de 4,2 millions de civils soviétiques entre 1941 et 1944 sur les 30 millions de morts à l'Est. Ce chiffre inclut principalement des Russes, Ukrainiens et Biélorusses. Sans compter qu'à ces tragédies directes s'ajoutent des centaines de milliers de morts différées, résultant de traumatismes physiques et psychiques durables.

Un plan de réquisition global des denrées alimentaires

Le Hungerplan n'a pas seulement fixé des prélèvements à la totalité des territoires soviétiques occupés (Reichskommissariat Ukraine, Reichskommissariat Ostland, Gouvernement général de Pologne, Bezirkskommissariat de Biélorussie), il s'est également accompagné, pour

6. Baechler, Christian, *Guerre et exterminations à l'Est. Hitler et la conquête de l'espace vital (1933-1945)*, Tallandier, 2012.

l'Europe soumise dès 1940, de chartes de réquisition propres à chacun des pays de l'Ouest. Ces listes chiffrées, annexées aux directives de l'OKW ou aux conventions d'armistice, permettent de mesurer l'ampleur et la diversité des ponctions alimentaires imposées par Berlin.

L'un des textes clé est une directive qui répartit, pour l'année 1941-1942, les tonnages de céréales, pommes de terre, viandes, produits laitiers et sucres à prélever dans chaque Reichskommissariat ou Bezirkskommissariat[7], les autorités territoriales nazies. Pour la France, la Belgique, les Pays-Bas et quelques autres pays, ce sont les conventions d'armistice ou d'occupation signées entre juin et novembre 1940 qui indiquent, par période semestrielle ou annuelle, les quotas à livrer directement à l'occupant[8].

Les quotas du Hungerplan résultent d'un calcul froidement rationalisé, mêlant données agronomiques, impératifs militaires et idéologie raciale. Pour commencer, les planificateurs nazis établissent les besoins « vitaux » du Reich : chaque soldat de la Wehrmacht doit recevoir environ 2 600 kilocalories par jour, chaque civil allemand 1 800 kilocalories, tandis que les populations de l'Est se voient assigner, comme on l'a vu, à peine 300 kilocalories journalières, à titre « résiduel ». C'est sur ces bases

7. Bundesarchiv, *OKW-Directive 33/41*, Rep. 144, annexe II « *Lebensmittelzuweisungen nach Gebieten* », 15 février 1941.

8. *Journal officiel de la République française*, « Convention d'armistice franco-allemande », annexe 3, 23 juin 1940.

que le ministère de l'Alimentation élabore, au printemps 1941, un « budget calorique » global, définissant d'abord la quantité absolue de vivres à affecter aux opérations militaires et à l'effort industriel, puis celle laissée aux habitants des territoires occupés.

Pour objectiver ce « budget », les services de l'Oberkommando der Wehrmacht compilent les bilans de production agricole des années 1936-1940 en Union soviétique[9]. Les agronomes nazis exploitent à la fois ces statistiques soviétiques antérieures à 1941 et les relevés dressés par les administrations allemandes locales. À partir de ces données, ils estiment le rendement moyen par hectare pour chaque région, corrigé des pertes dues aux mauvaises récoltes et aux prélèvements déjà opérés par l'Armée rouge.

Une fois la production brute déterminée, les chiffres sont ventilés en deux parts : une « part de survie minimale » destinée à maintenir en vie les paysans locaux et la police allemande, et un « potentiel de réquisition » qui doit servir le Reich. C'est ce potentiel (oscillant entre 60 % et 70 % de la production régionale selon les cultures et les zones) qui fournit les tonnages figurant ensuite dans les tableaux officiels. En pratique, les documents précisent méticuleusement, commune par commune, les quantités de céréales, pommes de terre, viandes, produits laitiers

9. *OKW-Directive 33/41*, annexe II.

et sucre à extraire – un véritable code de rationnement strictement appliqué sur le terrain par des contrôleurs.

Le critère premier de répartition des quotas entre régions est donc la capacité productive. Ainsi, le Reichskommissariat Ukraine, qui fournissait près de 40 % du blé soviétique, se voit assigner plus de 8 millions de tonnes de céréales pour la campagne 1941-1942, tandis que l'Ostland, moins fertile, doit livrer « seulement » 2,5 millions de tonnes, mais à un taux de prélèvement relatif similaire. Ont aussi été pris en compte les goulets d'étranglement ferroviaires, les capacités de stockage et les pertes en transit : là où les voies ferrées sont insuffisantes, les nazis réduisent logiquement les quotas pour ajuster les livraisons aux possibilités logistiques.

En Europe de l'Ouest, la méthode diffère : au lieu de calculs purement agricoles, les quotas sont négociés. Pour la France, les autorités allemandes reprennent les bilans du ministère de l'Agriculture français dès avant juin 1940, puis imposent chaque année la livraison de 1 000 000 tonnes de céréales, 1 800 000 tonnes de pommes de terre, 600 000 tonnes de viande, 250 000 tonnes de produits laitiers, 200 000 tonnes de sucre et 5 000 000 hectolitres de vin[10], soit environ 15 % de la production nationale

10. La Belgique, sous un accord du 27 septembre 1940, est astreinte à 150 000 tonnes de grains, 250 000 tonnes de pommes de terre, 50 000 tonnes de viande, 30 000 tonnes de laitages, 20 000 tonnes de sucre et 700 000 hectolitres de bière et de vin.

annuelle. Il s'agit à la fois de compenser les frais d'occupation et de nourrir l'armée, tout en gardant le contrôle politique sur le ravitaillement.

Le Hungerplan a eu des conséquences d'une ampleur catastrophique, tant sur le plan démographique qu'économique, social et psychologique. Sur le plan sanitaire, la malnutrition extrême a ouvert la voie à des épidémies dévastatrices. Le typhus, la dysenterie et la tuberculose ont fait des ravages au sein des populations épuisées, les services médicaux étant presque inexistants ou détournés vers les troupes allemandes. Le manque de calories affaiblissant les défenses immunitaires, chaque foyer touché

—

Aux Pays-Bas, l'occupant prélève 200 000 tonnes de céréales, 300 000 tonnes de tubercules, 60 000 tonnes de viande, 40 000 tonnes de laitages, 25 000 tonnes de sucre et 600 000 hectolitres de bières et vins. Le Danemark, en vertu de l'accord du 9 mai 1940, fournit 150 000 tonnes de porcs, 100 000 tonnes de beurre et 200 000 tonnes de lait concentré, tandis que la Norvège doit expédier 300 000 tonnes de poissons salés ou fumés et 50 000 tonnes de graisses animales.

Le Reichskommissariat Ostland (Estonie, Lettonie, Lituanie et Biélorussie) devait fournir 2 570 000 tonnes de céréales, 1 900 000 tonnes de pommes de terre, 75 000 tonnes de viande, 110 000 tonnes de produits laitiers et 60 000 tonnes de sucre. Le Gouvernement général de Pologne, quant à lui, voyait partir 4 320 000 tonnes de céréales, 2 100 000 tonnes de pommes de terre, 180 000 tonnes de viande et 220 000 tonnes de produits laitiers. Ces chiffres correspondaient à 60 % à 70 % de la production locale, le reste étant jugé strictement « nécessaire à la survie » des civils et des forces de police allemande.

Au Reichskommissariat Ukraine, conçu comme le grenier à céréales du Reich, l'OKW exigeait 8 187 000 tonnes de blé et d'orge, 4 150 000 tonnes de pommes de terre, 240 000 tonnes de viande, 320 000 tonnes de lait transformé (dont beurre) et 180 000 tonnes de sucre pour 1941-1942.

par la famine devenait en quelques semaines un foyer d'infection.

Paradoxalement, le Hungerplan a aussi nourri la résistance. Dans les zones périphériques de Biélorussie et d'Ukraine, des mouvements partisans se sont renforcés en puisant leur recrutement auprès de paysans démunis, prêts à frapper l'occupant pour survivre ou venger les leurs. Le professeur d'histoire de Yale, Timothy Snyder, note que sans la faim organisée, l'appui logistique et humain aux maquis soviétiques n'aurait pas atteint une telle échelle.

La mémoire de ces violences est longtemps restée enfouie. En Union soviétique, la priorité donnée à la lutte contre le fascisme a souvent occulté le sort spécifique des paysans affamés. Ce n'est qu'après l'indépendance des États baltes et de l'Ukraine que les chercheurs ont pu fouiller librement les charniers et publier des rapports détaillés.

Enfin, le Hungerplan a laissé des séquelles durables sur le plan psychologique. Plusieurs enquêtes sociologiques menées auprès des descendants évoquent un « syndrome de la faim » : anxiété liée à la pénurie, économie systématique des ressources, défiance envers toute proposition d'aide gratuite. Ces comportements de survie, transmis par la narration familiale, témoignent de l'ampleur du traumatisme subi par des populations entières.

Les preuves de la planification de la famine

Dès l'après-guerre, la nature exacte du Hungerplan a suscité un vif affrontement entre deux écoles d'historiens. Pour les fonctionnalistes, le Plan de la faim apparaît d'abord comme l'aboutissement des contraintes logistiques d'une guerre totale et de l'aspiration à nourrir prioritairement la Wehrmacht et la population du Reich. Christopher Browning[11], par exemple, défend l'idée que des cadres moyens, confrontés à l'effondrement des chaînes d'approvisionnement sur le front de l'Est, se trouvent obligés de détourner les récoltes locales, générant par là même une famine massive, sans qu'un ordre explicite d'extermination de masse ne soit donné au sommet de l'État. L'historien Daniel Jonah Goldhagen rejoint cette hypothèse en mettant en avant l'initiative zélée de fonctionnaires et d'officiers de terrain qui, face à l'urgence alimentaire, appliquent et aggravent les directives de réquisition sans qu'Hitler ou Himmler ne soient toujours directement impliqués dans chaque décision locale.

À l'inverse, l'école dite « intentionnaliste » insiste sur la cohérence interne entre l'idéologie raciale nazie et la mise en place méthodique du Hungerplan. Richard J. Evans démontre que, dès 1940, les plus hauts responsables – Backe, Göring et Rosenberg – échangent des documents, prévoyant non seulement la réquisition des

11. Browning, Christopher R., *Ordinary Men: Reserve Police Battalion 101 and the Final Solution in Poland*, HarperCollins, 1992.

excédents agricoles soviétiques, mais également des « cibles de mortalité » dans le cadre d'une planification de la faim et d'une extermination raciale. Peter Longerich met en lumière des notes internes où sont évoquées les conséquences attendues en termes de millions de morts[12].

Puis, en 2001, la découverte de la correspondance entre Herbert Backe, ministre de l'Agriculture du Reich, et Heinrich Himmler, Reichsführer-SS, dans laquelle les deux discutent froidement du nombre de décès « économiquement tolérables », conforte l'hypothèse d'une volonté délibérée et scientifiquement chiffrée d'éliminer des millions de Slaves pour « dégager » l'Est au profit des colons « aryens »[13].

Cette correspondance, conservée aux Archives fédérales allemandes, constitue l'une des preuves les plus explicites[14]. On ne parle pas seulement de récoltes, mais bien de vies humaines comptabilisées comme une variable d'ajustement. Voici un extrait de la lettre de Backe du 10 mars 1941 : « En nous basant sur un prélèvement moyen de 65 % des farines et tubercules de Biélorussie, nous projetons une mortalité par famine de 2 150 000 individus d'ici mars 1942. Ce chiffre, terriblement élevé, reste, à nos

---

12. Longerich, Peter, *Holocaust: The Nazi Persecution and Murder of the Jews*, Oxford University Press, 2010.

13. Bundesarchiv, *Himmler-Backe correspondence*, Rep. 243, vol. 14, lettre du 10 mars 1941.

14. *Ibid.*, lettres des 10 et 15 mars 1941.

yeux, acceptable dans l'optique d'un dépeuplement partiel en vue d'une colonisation future. » Le 15 mars 1941, Himmler répond et valide ces « chiffres pratiques » tout en recommandant un vocabulaire euphémique pour les communications internes : « Veillez à ce que les rapports officiels parlent de "réajustements démographiques" ou de "transferts de population" ; le terme de "famine organisée" est à proscrire. Je vous accorde l'autonomie nécessaire pour l'application locale. »

L'historien Christian Gerlach[15] montre que, loin d'être une bavure bureaucratique, cette correspondance s'inscrit dans une chaîne de documents où les « quotas de décès » sont régulièrement revus à la hausse dans les semaines suivantes, traduisant l'exigence de Himmler d'un nettoyage ethnique racialisé et planifié à l'échelle continentale. Timothy Snyder souligne aussi que ces lettres constituent un maillon entre la théorie idéologique (Lebensraum, agrarisme raciste) et la mise en œuvre systématique du génocide par la faim, échéancier à l'appui. Pour Richard Evans encore, c'est l'élément manquant qui confirme la cohérence entre discours racistes et pratiques administratives.

Après accord de Himmler, Backe fait diffuser auprès des inspecteurs locaux (Districtskommissare) une circulaire

---

15. Christian Gerlach, né en 1963 à Berlin, est un historien allemand spécialisé dans l'histoire contemporaine. Depuis août 2008, il est professeur à l'Institut historique de l'université de Berne, où il enseigne l'histoire moderne et contemporaine.

du 20 mars 1941 reprenant point par point les taux de « prélèvement » et les prévisions de mortalité par région. Des rapports mensuels de police allemande comparent ensuite les décès observés aux « cibles chiffrées », autorisant des réquisitions supplémentaires quand les chiffres restent en deçà de l'objectif.

La correspondance Backe-Himmler ne fait pas figurer de mention explicite des Juifs comme catégorie à part ; elle cerne la « population » des provinces d'occupation (slaves) sans y distinguer explicitement religion ou origine ethnique. Dans la lettre du 10 mars 1941, Backe parle d'individus « inutiles au Reich », sans jamais évoquer spécifiquement les Juifs.

Les historiens s'accordent à dire que le Hungerplan visait d'abord les paysans des territoires soviétiques – Ukrainiens, Biélorusses, Lettons, Lituaniens –, considérés collectivement comme un « réservoir » de main-d'œuvre corvéable jusqu'à la mort ou éliminable par la faim. Les Juifs, quant à eux, entraient dans le champ plus restreint de la « Solution finale », conduite par l'Office central de la sécurité du Reich, Reichssicherheitshauptamt, et les Einsatzgruppen[16], avec ses propres instructions d'extermination. Timothy

16. Les Einsatzgruppen, littéralement « groupes d'intervention », étaient des unités mobiles d'extermination créées dès l'Anschluss en 1939 et actives jusqu'en 1945. Placées sous les ordres opérationnels de l'Office centrale de sécurité du Reich et rattachées administrativement à l'armée, elles suivaient les troupes allemandes sur le front de l'Est pour y identifier, rassembler et exécuter systématiquement Juifs, partisans, cadres politiques et autres « indésirables » par fusillades (« Shoah par balles »).

Snyder souligne que l'absence de référence aux Juifs dans la correspondance Backe-Himmler montre que la machine bureaucratique du Hungerplan relevait d'une logique spécifiquement agraire et démographique, distincte de la persécution raciale antisémite.

En fait, si la plupart des historiens s'accordent aujourd'hui sur le fait que le Plan de la faim combinait logique de guerre et racisme d'État, le clivage fonctionnaliste/intentionnaliste demeure essentiel pour comprendre la genèse et la mise en œuvre de ce crime de masse.

La mémoire de ces épisodes en ex-URSS

En Union soviétique, la mémoire officielle de la Seconde Guerre mondiale a longtemps été dominée par le récit de la « Grande Guerre patriotique » et la lutte héroïque contre le fascisme, reléguant au second plan les souffrances spécifiques des paysans affamés dans les territoires occupés. Toute mort civile était imputée de manière générique aux « crimes fascistes », sans jamais distinguer la famine organisée du Hungerplan des autres formes de violence[17].

Ce n'est qu'avec l'effondrement de l'URSS et l'indépendance, au début des années 1990, des États baltes et

17. Snyder, Timothy, *op. cit.*, p. 342-347.

de l'Ukraine, que les chercheurs accèdent aux archives locales, aux documents du NKVD (les services secrets soviétiques), et entreprennent des fouilles archéologiques dans les anciens districts de l'Est. Des équipes pluridisciplinaires, associant historiens, archéologues et anthropologues, se constituent dans les universités de Vilnius, Riga et Lviv, rompant avec un demi-siècle de tabous.

Pilotée par l'Institut ukrainien de la mémoire nationale, la mission archéologique de Kiev (avril-août 2018) illustre cette nouvelle approche de recherche. Après une prospection géophysique par radar à pénétration de sol (RPS), trois sites proches du Dniepr – autour des localités de Boryspil, Brovary et Vychhorod – sont fouillés méthodiquement. Les équipes déterrent quelque 2 700 squelettes, enfants compris, entassés dans des fosses communes longues de 15 à 25 mètres. L'analyse bio-anthropologique, conduite en collaboration avec l'université de Cambridge, met en évidence : des marques de porosité corticale correspondant à une carence sévère en vitamine D, des traces d'ankylose et d'ostéoporose précoce liées à la malnutrition, et une proportion alarmante de décès chez des nourrissons et des enfants de moins de 5 ans, indices d'une famine irrépressible[18].

18. Rapport de la mission archéologique de Kiev 2018, Institut ukrainien de la mémoire nationale, 2018.

Présentés en novembre 2018 dans un rapport de 120 pages, ces résultats provoquent un électrochoc en Ukraine. La découverte de ces charniers, pour la première fois considérés comme des « greniers de la mort » nazis, engendre la création, en 2019, d'un mémorial national de la faim organisée, implanté sur l'ancien aérodrome militaire de Boryspil. Parallèlement, en Lituanie et en Lettonie, des projets similaires ont vu le jour.

Dans les pays baltes, les archives démographiques couvrent mal la période 1938–1950, rendant presque impossible toute estimation précise de l'évolution de la mortalité durant les années de guerre et les suivantes. Malgré cette incertitude, les auteurs soulignent un effondrement marqué de l'espérance de vie, lié aux violences, aux privations et aux bouleversements politiques de l'époque. En 1950, l'espérance de vie masculine en Estonie atteint seulement 53 ans, un niveau équivalent à celui de la Russie et inférieur d'environ dix ans à la France d'avant-guerre (63 ans). Tous les pays baltes (Estonie, Lettonie, Lituanie) ont connu une chute similaire, retombant à des niveaux inférieurs à ceux de 1938, en raison des lourdes pertes humaines et de la dégradation générale des conditions de vie. Les chercheurs montrent que les facteurs aggravants sont l'incorporation forcée à l'Union soviétique (1940) puis l'occupation allemande (1941–1944), accompagnées d'exterminations ciblées, notamment de la communauté juive, ainsi que des pénuries alimentaires structurelles, famines locales, et politiques de réquisition au profit de l'effort de guerre allemand, accentuant les traumatismes sanitaires. Dans ces pays, il faut attendre les années 1950-1965 et les politiques de santé soviétiques pour que l'espérance de vie augmente…

Au bout de trois décennies de silence et de frustration scientifique, ces chantiers archéologiques et historiographiques redonnent voix aux victimes invisibles du Hungerplan.

CHAPITRE 2

L'extermination alimentaire des Juifs

La politique alimentaire fut également un outil central du génocide des Juifs, non un simple sous-produit logistique, mais un moyen d'extermination et de contrôle, étroitement lié à la « Solution finale ». Les récentes recherches de Christian Gerlach montrent que, dès 1939, la faim organisée devient autant un moteur de la persécution qu'un objectif en soi : priver les Juifs de ressources nourricières légitime une accélération de leur annihilation, sous couvert d'économie de guerre et de hiérarchisation raciale[1].

Dans les ghettos – Varsovie, Łódź, Minsk, Theresienstadt et tant d'autres –, la faim n'est pas accidentelle. Les quotas alimentaires imposés par les autorités nazies y sont systématiquement inférieurs au seuil de survie. À Varsovie, la ration officielle de pain s'établit à 180 grammes par personne et par jour, complétée sporadiquement par

1. Gerlach, Christian, « Politique alimentaire, faim et persécution des Juifs de 1939 à 1945 », traduit de l'allemand par Olivier Mannoni, *Revue d'Histoire de la Shoah*, n° 2, 2018, p. 431-447.

quelques grammes de margarine ou de soupe aqueuse. Dans le même temps, les Juifs non soumis au travail forcé voient leurs rations encore rabotées, jusqu'à la disparition quasi totale de toute source de protéines ou de vitamines. Le travail – imposé comme condition de vie – constitue un argument pour augmenter très légèrement les rations (souvent de 50 à 100 calories de plus), mais jamais au-delà du seuil permettant un effort physique minimal.

En dehors des ghettos, dans les camps de concentration, la nourriture est un « appât à la productivité » tout en achevant progressivement la déchéance physique des détenus. Le Centre d'histoire de la résistance et de la déportation de Lyon décrit un régime type de deux soupes froides ou tièdes par jour, assorties d'une tranche de pain de seigle extrêmement noire (80 à 150 grammes), correspondant à moins de 800 kilocalories quotidiennes en moyenne[2]. Les légumes, quand ils figurent au menu, se résument souvent à du chou aigre ou des pelures de pommes de terre. La viande est totalement absente.

Tous les déportés ne sont pas logés à la même enseigne : les « détenus de travail » bénéficient d'une allocation calorique légèrement supérieure (900 à 1 000 kilocalories) pour maintenir un rendement minimal dans les usines

---

2. « Les jours sans. Alimentation et pénuries en temps de guerre », Centre d'histoire de la résistance et de la déportation, Lyon, 2017-2018. Exposition disponible en ligne à l'adresse : https://www.chrd.lyon.fr/musee/exposition-les-jours-sans/les-camps-de-concentration

ou les chantiers extérieurs. Pour autant, cette augmentation demeure insuffisante pour éviter la dénutrition, et plus encore l'épuisement conduisant à la maladie ou à la mort à moyen terme. À l'inverse, ceux déclarés inaptes au travail reçoivent les rations les plus dérisoires et font parfois l'objet d'une « réduction des allocations » censée « purifier » le camp des éléments fragiles.

Quant aux SS et au personnel administratif des camps, ils vivent plutôt bien. Ils profitent d'un réseau de cantines militaires approvisionnées par l'Office central SS pour l'économie et l'administration, SS-Wirtschafts-Verwaltungshauptamt. Les officiers et gardes dégustent des repas comparables à ceux d'un soldat de la Wehrmacht, soit 2 500 à 3 000 kilocalories par jour, composées de pain blanc, de viande, de pommes de terre, de légumes en conserve et, fréquemment, de bière ou de vin. Cette disparité extrême souligne la hiérarchie raciale et sociale à l'œuvre dans l'univers concentrationnaire, où le « bourreau » mange comme il faut, tandis que la victime meurt de faim sous ses yeux. Le chercheur Nikolaus Daniel Wachsmann[3] note que « l'uniforme SS, symbole du pouvoir, était aussi un signe de privilège alimentaire[4] ».

—

3. Nikolaus Daniel Wachsmann est né en 1971 à Munich. Depuis 2005, il est professeur d'histoire européenne moderne au département d'histoire, lettres classiques et archéologie du Birkbeck, université de Londres.

4. Wachsmann, Nikolaus, *KL: A History of the Nazi Concentration Camps*, Farrar, Straus and Giroux, 2015, p. 312-315. Traduit en français par Jean-François Sené sous le titre *KL: Une histoire des camps de concentration nazis*, Gallimard, « NRF Essais », 2017.

Les cantines SS sont souvent construites ou aménagées dans des baraquements isolés, chauffés et meublés de tables nappées, tandis que les détenus, affamés, se rassemblent autour d'une gamelle unique dans le froid en hiver ou dans des baraques surchauffées en été. Le personnel dispose d'ustensiles (couverts, assiettes en porcelaine) et de vaisselle entretenue. À l'inverse, le prisonnier mange parfois directement dans le récipient en tôle, sans cuillère ni fourchette. Ce contraste cruel renforce l'humiliation, la déshumanisation et la soumission : la vue des assiettes pleines et les odeurs appétissantes attisent la faim des détenus et justifient, à leurs yeux, la toute-puissance des gardiens.

L'Office central SS pour l'économie et l'administration, via la section responsable de l'ensemble du système des camps de concentration, l'Amtsgruppe D. (Dienststelle D, département alimentation), coordonne l'approvisionnement des cantines de tous les camps sous la responsabilité de l'Inspection des camps de concentration. Les commandes mensuelles sont passées par radio ou courrier codé auprès des dépôts militaires de la Wehrmacht, puis acheminées par trains spéciaux dans des wagons frigorifiques ou à bestiaux.

À Dachau, par exemple, la cantine des cadres perçoit chaque semaine :

- 1 200 kilogrammes de bœuf et de porc frais ;
- 800 kilogrammes de pommes de terre ;
- 400 kilogrammes de légumes variés (choux, carottes, oignons) ;
- 200 kilogrammes de fruits de saison ;
- 1 500 litres de vin et 2 000 litres de bière.

Ces quantités, calculées pour servir environ 150 officiers et fonctionnaires, assurent un menu diversifié, proche de celui d'un mess de l'armée de terre allemande (Heer), avec entrée, plat principal et dessert.

D'après les menus conservés aux Archives fédérales (site de Ravensbrück, Rep. 50), une journée type pour le personnel SS comprend :

- petit déjeuner (environ 700 kilocalories) : café noir, pain blanc, beurre, charcuterie et confiture ;
- déjeuner (900 kilocalories) : potage de légumes frais, rôti de porc ou de bœuf, pommes de terre vapeur, salade crue ;
- dîner (800 kilocalories) : tranche de jambon, purée de pommes de terre, légumes mijotés, morceau de gâteau ou compote.

Outre ces trois repas, des officines internes distribuent pain et margarine en libre-service, et une « réserve familiale » permet aux familles des SS de recevoir colis et victuailles supplémentaires.

Au-delà de la mort lente par inanition, la mainmise sur l'alimentation tient d'une stratégie terroriste et disciplinaire : la menace permanente de la faim brise toute résistance individuelle ou collective. Christian Gerlach insiste sur cette double fonction de la politique alimentaire : exterminer et soumettre.

Écrire des recettes de cuisine pour tenir

Si la faim est omniprésente dans les camps, paradoxalement, pour certains déportés, écrire des recettes peut ressembler à un véritable acte de résistance : les « festins imaginaires » leur permettent de contrebalancer le manque physique, de recréer un lien à leur identité culturelle et de suspendre, le temps d'une page, l'horreur de l'internement.

Le documentaire *Festins imaginaires*[5] d'Anne Georget (2014) a rassemblé, pour la première fois à l'écran, des carnets de recettes manuscrits écrits par des femmes hongroises et yougoslaves à Ravensbrück, ainsi que des notes isolées trouvées à Flöha, dans le goulag de Potma et même dans un camp japonais de Kawasaki. Conservé aux archives du mémorial de Ravensbrück, le carnet n° RBK-17[6] comporte 97 entrées : autant de menus

5. Georget, Anne, *Festins imaginaires*, Octobre Production, 2014.

6. Archives du Mémorial de Ravensbrück, carnet de recettes n° RBK-17, consulté en 2016.

inachevés – « soupe de lentilles à l'ail », « gâteaux au pavot » ou « ragoût de champignons et pain rassis » – qui ne sont pas destinés à être confectionnés, mais à nourrir l'esprit.

Voici quelques exemples :

- Soupe de lentilles à l'ail. Les ingrédients : 200 grammes de lentilles, 3 gousses d'ail, 1 oignon, un trait d'huile, sel. Préparation (schématique) : faire revenir l'oignon et l'ail, ajouter les lentilles, couvrir d'eau, mijoter une demi-heure.
- Gâteau au pavot. Les ingrédients : 250 grammes de farine, 30 grammes de graines de pavot, 50 grammes de margarine, un peu d'eau. Préparation (rapide) : mélanger farine et pavot, incorporer la margarine, façonner de petits disques, cuire au feu.
- Ragoût de champignons et pain rassis. Les ingrédients : champignons séchés (10 grammes), 2 tranches de pain rassis, 1 oignon, herbes. Préparation : réhydrater les champignons, émietter le pain, lier avec l'oignon et les herbes, servir chaud.

Interrogé pour le documentaire, le sociologue Jean-Pierre Poulain, spécialiste de l'alimentation et des cultures alimentaires, émet l'hypothèse que ces recettes dénotent un « imaginaire culinaire en captivité » : listes d'ingrédients hétéroclites (farine, margarine, graines de pavot, écorces d'oignon séchées), parfois agrémentées d'un dessin de casserole, qui prouvent que, même au cœur de la déshumanisation, les déportées ressentent le besoin de « dialoguer » entre leurs traditions alimentaires et de maintenir vivante la mémoire gustative de leur pays d'origine.

Dans le film, l'écrivaine Luba Jurgenson insiste, quant à elle, sur leur fonction psychique : « Écrire ces recettes, c'était lutter contre l'anéantissement de soi. Chaque plat revivait la convivialité perdue et offrait un horizon de vie. » Ces recettes, quasi dépourvues de quantités précises, témoignent d'un jeu entre mémoire et imagination. Elles n'ont bien sûr jamais été réalisées ; mais pour les déportées, dessiner et écrire ces plats leur permettaient de résister à l'effondrement psychologique.

Sur le plan clinique, Jean-Pierre Poulain note que ces carnets jouaient un rôle de « support transitionnel » : « En projetant mentalement le plaisir du goût, les internées pouvaient tolérer une ration quotidienne souvent inférieure à 600 kilocalories et conserver un reste d'espérance. »

Au sortir de la guerre, plusieurs de ces cahiers ont rejoint des mémoriaux et sont désormais étudiés comme des « archives du silence ».

Les laboratoires agricoles dans les camps de la mort

Les camps de concentration nazis ne se limitent pas à la mise à mort et au travail forcé ; ils servent également de laboratoires agricoles où l'idéologie raciale et la volonté d'autosuffisance du Reich se conjuguent pour créer de véritables fermes expérimentales. Ils sont le fruit d'une impulsion directement inspirée par Hitler et mise en œuvre par Himmler via deux organismes, l'Office central SS pour l'économie et l'administration (SS-Wirtschafts-Verwaltungshauptamt, WVHA) et l'Institut expérimental allemand pour la nutrition et l'approvisionnement (Deutsche Versuchsanstalt für Ernährung und Verpflegung – DVA). Créé en février 1942, l'Office central SS pour l'économie et l'administration dépend directement de la SS et a pour mission de gérer ses finances, son intendance et ses opérations commerciales. Il supervise également l'administration des camps de concentration nazis et organise le travail forcé à grande échelle pour l'effort de guerre et la mise en œuvre de la Shoah.

À Dachau, dès 1938, une vaste pépinière et des serres – euphémiquement baptisées « jardin médicinal » – sont aménagées à quelques centaines de mètres du camp. Ce projet, imaginé par Himmler donc, vise à libérer le Reich de la dépendance aux importations de plantes médicinales et d'aromates[7]. Hitler, en tant que chef suprême, accorde les crédits nécessaires lors de ses réunions de budget avec

7. « Les cultures expérimentales des SS/"Jardin médicinal"/"Plantation" », KZ-Gedenkstätte Dachau. Disponible en ligne sur le site officiel : https://www.kz-gedenkstaette-dachau.de/fr/site-historique/visite-virtuelle-des-environs/les-cultures-experimentales-des-ss-jardin-medicinal-plantation/

Albert Speer : elles consacrent la priorité absolue de la SS à la recherche agronomique raciale, une branche dérivée des théories de Walther Darré sur la « race paysanne » (Bauernvolk).

La Deutsche Versuchsanstalt für Ernährung und Verpflegung GmbH[8] prend en charge l'exploitation de plus de 50 hectares : serres destinées à la culture de ginseng, digitaline, valériane et lavande, mais aussi parcelles d'essai pour betteraves sucrières, pommes de terre précoces et céréales hybrides.

Les prisonniers affectés à ces kommandos agricoles à Dachau – d'abord des paysans allemands « asociaux », puis, à partir de 1941, des détenus polonais et soviétiques choisis pour leurs compétences horticoles – travaillent en plein air, par tous les temps, sans vêtements adaptés et sous le joug des SS. Leur rôle consiste non seulement à

—

8. L'Institut expérimental allemand de nutrition et d'approvisionnement alimentaire fut créé le 23 janvier 1939 par la société allemande de travaux de terrassement et de carrière, sous l'autorité de l'officier général (SS-Obergruppenführer) Oswald Pohl et rattachée à l'Office central SS pour l'économie et l'administration. Dotée d'un capital de 35 000 reichsmarks et d'un prêt de 8 millions de reichsmarks de la Croix-Rouge allemande, cette société avait pour directeur l'agronome, le lieutenant-colonel (SS-Obersturmbannführer) Heinrich Vogel. Sa mission officielle était double : 1. Conduire des recherches agronomiques et pharmacologiques sur des plantes médicinales et aromatiques (thym, sauge, pavot) au sein du « jardin médicinal » de Dachau et sur la plantation de Heppenheim. 2. Transformer, conditionner et distribuer ces produits pour les marchés civils et militaires, via notamment une boutique ouverte à Dachau. En pratique, la DVA exploitait le travail forcé des détenus des camps de concentration.

entretenir et récolter, mais aussi à participer à des essais de sélection variétale : tenter d'acclimater des espèces méditerranéennes à des hivers bavarois. Les produits sont en grande partie destinés aux cantines des cadres SS et aux hôpitaux militaires de Dachau, et le reste est vendu dans un petit « point de vente » ouvert aux civils du voisinage[9] ce qui paraît aujourd'hui assez fou.

À Auschwitz, la logique est similaire, mais à une plus grande échelle, de manière « industrielle », à l'image de la taille des camps.

Dès 1941, la SS prend possession du domaine de Rajsko, à cinq kilomètres du camp d'Auschwitz I. Baptisée « Landwirtschaftliches Versuchsgut Rajsko », cette exploitation agricole expérimentale couvre près de 80 hectares, dont une pépinière d'arbres fruitiers (pommiers, cerisiers, pruniers), des serres à tomates et concombres, des champs d'essais de betteraves et de céréales, ainsi qu'un jardin d'herbes aromatiques et médicinales destinées à l'Institut hygiénique SS de Breslau. Là encore, Hitler approuve les crédits lors de ses bilans annuels de production, convaincu que la colonisation de l'Est doit reposer sur une armature agraire allemande ultramoderne[10].

---

9. Sigel, Robert, « Les Cultures de plantes médicinales dans les camps de concentration : la "Plantage" de Dachau », in *Les Cahiers de Dachau : histoire des camps de concentration nazis. Études, rapports et documents*, Dachauer Hefte, 1993, p. 212–221.

10. *Ibid.*

Les équipes paysannes de Rajsko sont principalement composées de déportés politiques polonais, encadrés par des jardiniers de la SS (SS-Gärtner) possédant une formation agronomique. Sous la houlette d'officiers du WVHA, ces prisonniers mènent des protocoles de lutte biologique contre les ravageurs et d'optimisation des rendements, souvent au prix de conditions de travail harassantes et de rations alimentaires insuffisantes pour soutenir leur effort physique intense[11].

Quant aux récoltes, elles sont d'abord utilisées pour approvisionner la maison des SS (Haus der SS) de Rajsko, une villa réaménagée en mess de luxe pour les cadres de la SS et leurs invités. Les surplus alimentent les cuisines du camp d'Auschwitz I, mais jamais les détenus de Birkenau, dont les rations restent strictement calculées pour les maintenir en état de servilité ou de dénutrition contrôlée.

Outre Dachau et Auschwitz, plusieurs autres camps de concentration nazis hébergent des exploitations agricoles conçues comme de véritables laboratoires ruraux, et c'est seulement depuis quelques années que les recherches universitaires commencent à en rendre apparentes l'ampleur et la technicité.

À Ravensbrück, un jardin « médicinal » de trois hectares – consacré à la culture de valériane, de digitaline et de

---

11. Wachsmann, Nikolaus, *op. cit.*, p. 318-320.

camomille – est aménagé en 1940 pour approvisionner l'institut de pharmacologie SS de Berlin et les hôpitaux militaires. Les prospections archéologiques menées depuis 2017 par le mémorial de Ravensbrück dévoilent les fondations de quatre serres et les vestiges d'un réseau d'irrigation sophistiqué, attestant la mise en œuvre de recherches botaniques dirigées par la SS.

Buchenwald et Neuengamme présentent, eux aussi, de petites stations d'essais potagères. À Buchenwald, une « station expérimentale pour légumes » (Gemüse-Versuchsstation) de cinq hectares adjacents au camp d'Ettersberg expérimente dès 1939 des cultures sous tunnel plastique, tandis qu'à Neuengamme plusieurs serres et un silo à pommes de terre, identifiés lors de fouilles en 2022, confirment l'exploitation systématique des détenus pour fournir des légumes et des fourrages aux unités SS, mais jamais aux internés.

Ces découvertes matérielles s'accompagnent d'un renouveau historiographique. L'exposition « Dans les camps. Archéologie de l'enfermement[12] » présentée au Laténium (Suisse) a rassemblé les résultats de fouilles dans onze sites concentrationnaires, soulignant le rôle clé de ces fermes SS comme laboratoires agricoles et symboles de la hiérarchie raciale.

---

12. L'exposition s'est tenue du 29 mars 2024 au 27 avril 2025 au Laténium, le plus grand musée archéologique de Suisse, situé Espace Paul Vouga, 2068 Hauterive (canton de Neuchâtel).

La portée industrielle de ces fermes

Ces recherches universitaires sont importantes, car on y observe une logique « industrielle » appliquée au monde agricole. Comme dans une usine, chaque parcelle est découpée en ateliers de production : semis, fertilisation, récolte et stockage. Les performances sont notées et chiffrées et comparées via des rapports mensuels adressés au WVHA (Office central SS pour l'économie et l'administration). Les prisonniers sont astreints à des cadences de travail définies au rythme des tables de rendement établies par les statisticiens. L'intégration verticale – de la recherche des semences à la distribution – imite la rationalisation de l'industrie lourde, réduisant le paysan et le détenu à des « pions » d'une chaîne logistique agronomique.

Ces fermes sont aussi des sites d'essais : nouvelles variétés résistant aux rigueurs de l'Est, engrais de synthèse, méthodes de rotation culturale et d'irrigation. Les SS y testent, sur de petites parcelles attitrées, l'efficacité de traitements chimiques préconisés par l'Institut de biologie végétale de l'université de Berlin, puis en généralisent les usages sur tout le réseau SS. Les rapports d'expérimentation, conservés dans les archives du WVHA, détaillent rendements comparés, teneurs nutritives et taux de maladies végétales, sans jamais mentionner le coût humain – la malnutrition, l'épuisement ou les décès des détenus face à ces protocoles expérimentaux.

En somme, les fermes attenantes aux camps forment l'équivalent rural des complexes industriels nazis : un espace clos, planifié et chiffré, où production et oppression se rejoignent. Cette « mise en valeur » du sol, associée à l'exploitation circulaire des êtres humains, incarne la dimension totalitaire de la politique agricole hitlérienne, qui voyait dans la terre colonisée un terrain d'expérimentation génocidaire.

L'héritage de ces fermes en Europe de l'Est après la guerre

Sur le plan historiographique, l'intérêt pour ces fermes s'intensifie depuis la découverte, dans les archives du WVHA, des fameux rapports de rendement et des carnets de cultures, rédigés entre 1941 et 1944, qui offrent un inventaire précis des semis, des traitements phytosanitaires et des bilans de récoltes, jusque-là ignorés des historiens. À Dachau, les recherches menées depuis 2015 permettent de reconstituer les plans des serres et de documenter l'utilisation des déportés comme cobayes humains de méthodes agronomiques « inédites ».

En 2010, Bogumił Szajkowski et Tadeusz Różycki publient une étude pionnière sur Rajsko, montrant comment l'« expérience agricole SS » a influencé l'après-guerre en Pologne, notamment dans la réorganisation des fermes d'État dans le pays. L'essentiel de ces parcelles est, dès avril 1945, réattribué aux nouvelles fermes d'État,

Państwowe gospodarstwa rolne (PGR). Les silos à céréales construits par la SS, encore intacts, servent de modèles de stockage pour les coopératives collectives polonaises dans le système soviétique[13].

Szajkowski et Różycki démontrent que les protocoles de rotation triennale instaurés par l'Institut expérimental allemand pour la nutrition et l'approvisionnement à Rajsko ont été adoptés mot pour mot par l'administration agraire communiste : le cycle blé-luzerne-betterave recommandé en 1943 rapporte, dès 1946, une hausse de 30 % des rendements, comparés aux pratiques d'avant-guerre. Mieux encore, plusieurs des techniciens déportés affectés dans ce camp de Rajsko – agronomes ukrainiens et cultivateurs polonais formés de force aux méthodes SS – sont recrutés comme formateurs dans les écoles de PGR de Cracovie et de Varsovie, assurant ainsi la transmission directe de ces savoir-faire autoritaires.

13. Szajkowski, Bogumił et Różycki, Tadeusz, « Agrarische Ersatzstoffe im SS-Versuchsgut Rajsko 1942-1944 », *Studia z Dziejów Holocaustu*, vol. 9, 2012, p. 112-134.

CHAPITRE 3
Les expérimentations pour les aliments de substitution

Des recherches qui font de nombreuses victimes

En quête d'« autarcie alimentaire » pour soutenir l'effort de guerre et compenser les blocus, les nazis lancent encore dès 1941 un vaste programme de recherche sur les aliments de substitution (Ersatzlebensmittel), sous l'égide du département alimentation (Amtsgruppe D) de l'office central SS pour l'économie et l'administration (WVHA), dirigé par le SS-Brigadeführer Karl Brandt. L'objectif officiel ? Découvrir des ressources végétales ou industrielles (sucres de betterave, farines de glands, algues, tourteaux de graines) capables de remplacer pain, café, margarine, voire viande, qui manquent cruellement, puisqu'il est très difficile de cultiver et d'importer des denrées.

Pour tester l'innocuité et la digestibilité de ces ersatz, le WVHA, via l'Amtsgruppe D, planifie et organise des expérimentations – en bonne partie menées non pas dans des laboratoires civils, mais directement sur des détenus de plusieurs camps de concentration. Ce programme de recherche sur les aliments de substitution est officiellement conçu comme un pendant civil et militaire au Hungerplan. Ce vaste dispositif vise à libérer du blé, du beurre et du café pour le front en développant des ersatz fabriqués à partir de racines forestières, d'algues, de graines oléagineuses et d'autres produits pour l'industrie agroalimentaire.

Dès décembre 1941, l'Amtsgruppe D mobilise plus de 150 chercheurs – chimistes, agronomes, physiologistes et nutritionnistes – répartis dans les cinq centres d'essais principaux : Dachau, Buchenwald, Sachsenhausen, Ravensbrück et Auschwitz-Rajsko. Chacun de ces sites recrute entre 200 et 400 détenus experts (paysans, botanistes ou anciens ouvriers de l'agroalimentaire) chargés des protocoles stricts de dosage, de suivi sanitaire et de mesures de rendement énergétique. Parallèlement, environ 250 techniciens de laboratoires SS (SS-Laboranten) assurent le prélèvement des échantillons et la tenue quotidienne des carnets de cultures et d'analyses, qui alimentent à partir de 1942 les « protocoles d'essai de remplacement » conservés aujourd'hui dans les archives nationales allemandes.

Le budget annuel attribué à ces expérimentations dépasse 1,2 million de reichsmarks (équivalent à près de 8 millions d'euros actuels), incluant le fonctionnement des laboratoires, l'achat de matières premières et les crédits alloués aux industriels partenaires.

Sous la coordination du Dr Wilhelm Röhrig à Dachau et du Dr Heinz Müller à Buchenwald, les expérimentations sont scindées en trois grands axes : ersatz de céréales (pain à base de farine de racines forestières et d'algues), ersatz de matières grasses (margarines de tourteaux oléagineux et graisses hydrogénées) et ersatz de boissons chaudes (chicorée, pissenlit et navet). Chaque formule mise au point par les scientifiques – 47 au total – est soumise à des détenus en bonne santé apparente, astreints à des marches forcées quotidiennes (10 à 20 kilomètres) et à des tests de force de préhension manuelle.

Pour ces expérimentations, les prisonniers d'origine polonaise et soviétique sont soumis à des régimes où ils ne mangent qu'un seul ingrédient : par exemple du pain « ersatz » à base de farine de radicelles, les petites racines des légumes (Weinviertler Wurzelmehl), des soupes concentrées d'algues (Ascophyllum nodosum transformée) ou de navets. Les chercheurs SS notent scrupuleusement les performances et les conséquences physiques (tests de marche quotidienne), fréquence des diarrhées et taux de mortalité, avant d'ajuster les formules. Une série de rapports internes[1] recense ainsi les rendements digestifs et les besoins caloriques réels après cinq semaines de régime expérimental[2].

—

1. Les Dachauer Ernährungsversuche, WVHA-Amt D, Aktenband 122/43.

2. Pommerening, Jana, *Ersatznahrung und Zwangsarbeit: Experimente im KZ Dachau 1942-1944*, thèse, université Humboldt de Berlin, 2011.

Buchenwald est, dès 1943, un second terrain d'essai pour des substituts de matières grasses. Les ingénieurs de la firme Hamburgische Rosenöl-AG, associée au WVHA, mettent au point une margarine. Le Dr Heinz Müller, responsable de la station expérimentale pour les graisses et huiles (Versuchsstelle Fette und Öle), teste la tolérance gastro-intestinale sur des détenus tchécoslovaques. Les substituts d'huiles (Öl-Ersatz) sont comparés à la margarine classique, et les résultats consignés dans des documents (des Buchenwalder Fettversuchsprotokolle), dont les traces sont conservées[3]. Pour les prisonniers, les conséquences sont tout aussi tragiques que dans les autres camps de la mort.

À Auschwitz-Rajsko, les SS poursuivent, de 1942 à 1944, des expériences sur des mélanges farineux à base de racines de pissenlit et de betterave à sucre, envisagés comme compléments au pain : le « Versuch M » mélange 30 % de farine de racines à 70 % de seigle et est distribué pendant trois mois à des détenus soviétiques. Les bilans de 1943 font état d'une fragilisation rapide des sujets, mais les programmes se sont poursuivis tant que le Haut commandement de l'armée voyait dans ces mixtures un moyen de libérer du blé pour le front[4].

---

3. Bundesarchiv, *Buchenwalder Fettversuchsprotokolle*, Abteilung WVHA, Rep. 243, Akte D/O49.

4. Szajkowski, Bogumił et Różycki, Tadeusz, *op. cit.*

Les bilans sont sans appel : seuls 38 % des sujets survivent au pain de racines et d'algues d'hiver, tandis que la margarine à base de tourteaux de lin laisse à peine 10 % de survivants au terme des quatre mois d'essai... Les infusions de chicorée provoquent des colites aiguës chez 72 % des buveurs, avec déshydratation sévère et mortalité secondaire.

À côté de ces chiffres macabres, ces protocoles provoquent sur les détenus des conséquences dramatiques : dénutrition aggravée, ulcères et perforations intestinales du fait de fibres indigestes et de résidus tanniques en forte concentration, fatigue profonde et atrophie musculaire, rendant tout travail ultérieur pratiquement impossible, troubles neurologiques liés à des carences en acides gras essentiels et vitamines.

Des découvertes récentes

Depuis les années 1990, la recherche historique sur les abus médicaux nazis est abondante : procès, témoignages, analyses éthiques et processus institutionnels ont fait l'objet de dizaines de publications internationales. Ainsi Bernard Kanovitch propose, en 1997, une étude détaillée[5], une synthèse des pratiques médicales nazies (froid,

5. Kanovitch, Bernard, « Les expérimentations médicales dans les camps nazis », *Revue d'Histoire de la Shoah*, vol. 1, p. 86-103. Disponible en ligne à l'adresse : https://shs.cairn.info/revue-revue-d-histoire-de-la-shoah1-1997-2-page-86?lang=fr

expériences sur l'eau de mer, essais d'hormones artificielles, poisons, sulfamides, phosphore, paludisme, collection de squelettes juifs, etc.), replacées dans le cadre du procès des médecins de Nuremberg (1946-1947) et des annexes qui ont jugé 23 accusés, dont 20 médecins. Ce chercheur souligne l'ampleur des crimes contre l'humanité commis au nom de la recherche « scientifique » et s'interroge sur la responsabilité individuelle et institutionnelle des acteurs impliqués.

En revanche, l'exploration systématique des expériences liées à l'alimentation – régimes de famine, rations de guerre, ersatz produits à partir de déchets – n'a gagné en visibilité qu'au cours des dernières décennies. Cette émergence tardive s'explique par deux facteurs : la primauté accordée aux crimes médicaux dans les procès d'après-guerre et la dispersion des archives agroalimentaires, longtemps considérées comme périphériques. Or, l'étude des substituts nazis éclaire d'un jour nouveau la logique totalitaire d'autarcie et les compromis éthiques imposés à l'ensemble des populations sous le Troisième Reich.

L'ampleur de ce programme et son imbrication avec l'appareil concentrationnaire ne sont pleinement découvertes qu'à partir des années 2000, lorsque des chercheurs consultent les archives désidentifiées de l'Office central SS pour l'économie et l'administration aux archives fédérales.

En 2011, Jana Pommerening (université Humboldt de Berlin) soutient une thèse pionnière[6] qui analyse en détail les rapports de rendement calorique et les pathologies identifiées chez 312 détenus soumis aux régimes de substitution. Après avoir identifié les archives centrales, la chercheuse examine toutes les notes de productivité et les carnets journaliers des laboratoires SS. Elle utilise les registres médicaux des blocs D et E du camp de Dachau, où étaient concentrés les détenus soumis aux tests nutritionnels. Outre l'exploitation exhaustive des rapports d'expériences sur les produits de remplacement (Ersatzversuchsprotokolle), elle s'appuie sur plus de 1 200 pages de correspondance interne de l'Amtsgruppe D.

Comme évoqué, chaque formule faisait l'objet d'un protocole standard : période d'observation initiale (sept jours sur régime témoin à base de seigle), phase de substitution (cinq semaines) et suivi prolongé. Les laborantins SS mesurent quotidiennement l'apport calorique réel (via des pesées précises), la fréquence des troubles gastro-intestinaux, la prise de poids ou l'amaigrissement, ainsi que la performance physique (test de marche à 5 kilomètres par heure sur tapis roulant) et, en cas de décès, procèdent à une autopsie sommaire.

Les calculs de Pommerening montrent que le pain de racines (ersatz R3) apporte en moyenne 450 kilocalories par jour, soit moins de 20 % des besoins minimaux pour un

---

6. Pommerening, Jana, *op. cit.*

travailleur, et que seulement 38 % des cobayes atteignent la fin du protocole sans hospitalisation. Les margarines à base de tourteaux de lin (ersatz F7) offrent 300 kilocalories pour 50 grammes de graisse, mais provoquent une mortalité de 90 % dès la troisième semaine, marquée par des crises de vomissements et des insuffisances hépatiques.

Surtout, la chercheuse découvre des documents inédits dans la correspondance interne mise au jour par ses soins : l'étroite collaboration entre le WVHA et la société Hamburgische Rosenöl-AG, qui livre les tourteaux, ainsi que la Hanauer Chicoréewerke, responsable des lots de racines torréfiées. Les essais n'ont pas qu'une visée militaire, ils ont un but essentiellement commercial. Plusieurs brevets déposés en 1943 s'inspirent directement des formules nazies. Pommerening analyse comment, après la guerre, ces procédés ont été discrètement réutilisés par des industriels – nous verrons lesquels – ou transférés dans le cadre des PGR polonaises, les fermes d'État.

Enfin, la thèse va au-delà de ces révélations et examine la question de la « science concentrationnaire » : comment un laboratoire de l'infamie s'est-il organisé selon les standards universitaires de l'époque ? Pommerening signale que les chercheurs SS utilisent les mêmes grilles d'évaluation que les facultés de médecine pour publier dans la *Revue des sciences de la nutrition* (*Journal für Ernährungswissenschaft*), tout en appliquant ces protocoles à des êtres humains privés de toute liberté. Cette dialectique, montrée à travers l'analyse critique des articles de 1942-1943, dénonce la continuité entre la recherche académique allemande et l'industrie concentrationnaire.

En fait, la chercheuse apporte une contribution capitale à l'histoire de la nutrition de guerre et de la Shoah : elle détaille la mécanique bureaucratique et scientifique d'un programme de substitution alimentaire mené dans les camps de concentration, en donne les chiffres clés, met l'accent sur l'inhumanité méthodique, tout en éclairant les zones d'ombre nombreuses, ses répercussions dans l'après-guerre.

Une autre historienne a mené des travaux essentiels et originaux, ouvrant de nouvelles perspectives jusque-là inexploitées de l'histoire alimentaire du Troisième Reich.

Ce n'est qu'à l'automne 2024, que l'historienne Anne Berg dévoile, dans l'*American Historical Review*, l'envers écologique de la Shoah et les conséquences tragiques sur les détenus des camps. Dans son article[7], cette professeure d'histoire associée à l'université de Pennsylvanie, au sein de la faculté des arts et des sciences, montre comment les camps sont devenus de véritables usines à recyclage, détournant chaque déchet – du tanin au bois – pour en faire des aliments de substitution souvent mortels.

---

7. Berg, Anne, « Carceral Recycling: Zero Waste and Imperial Extraction in Nazi Germany », *The American Historical Review*, vol. 129, n° 3, septembre 2024, p. 919–950.

Historienne de la destruction, spécialisée dans l'étude de la façon dont les acteurs ordinaires participent et renforcent les systèmes violents de fabrique des races, de gestion des déchets et de guerre, Anne Berg décrit plusieurs exemples d'aliments de substitution, peignant un tableau glaçant et terrifiant.

- La Müllwurst (« saucisse de déchets ») provoqua, en quelques mois à Mauthausen, d'atroces colites infectieuses et des nécroses intestinales, tuant près de 70 % des détenus. Pour la fabriquer, on broyait la pulpe épaisse des résidus de tanneries (chutes de cuir, eaux acides) qu'on mélangeait à de la sciure de bois et à des relents d'égouts filtrés.

- Le Treberbrot (« pain de drêches ») entraînait vomissements répétés et occlusions intestinales chez tous ceux qui y goûtaient. À Dachau, il naissait des débris humides du malt issu des brasseries locales, séchés, moulus en farine grossière, puis pétris en un pain grisâtre et surchargé de fibres indigestes.

- Le Borkenkaffee (« café d'écorce ») s'attaquait aux muqueuses gastriques et intestinales de tant d'emprisonnés qu'on le surnommait « colle de menuisier ». Dans plusieurs kommandos de Sachsenhausen, on torréfiait et moulait des écorces de hêtre ou de pin, puis on y ajoutait de la pulpe de betterave séchée pour obtenir une couleur rappelant le vrai café.

- Le Papierflocken-Müsli (« muesli aux flocons de papier ») creusait de douloureux ulcères buccaux et favorisait les infections orales. On le préparait en broyant les déchets de cellulose des papeteries en flocons, avant de les mêler à des pelures de pommes de terre et à un peu de graisse animale récupérée des abattoirs militaires.

- La Lederwurst (« saucisse de cuir »), invention tardive à Buchenwald, intoxiquait chroniquement au chrome et à l'arsenic. Ses copeaux de cuir issus de la découpe de fourrures et de chaussures étaient macérés dans un bouillon très salé, hachés avec des carcasses de rats, puis moulés en une « saucisse » à peine plus nourrissante que les brisures de cuir elles-mêmes.

Pour Anne Berg, ces ersatz n'étaient pas de simples rustines alimentaires : ils représentaient l'aboutissement d'une logique de « zéro déchet » pensée par des ingénieurs du Reich, sous l'autorité du ministère de l'Économie et du commandement SS. Les camps étaient intégrés à un vaste réseau d'extraction impériale : chaque kilo de déchets végétaux, chaque tonne de boue industrielle, chaque morceau de cuir se voyait réacheminé dans la circulation carcérale, avec pour unique enjeu le maintien minimal de la force de travail et l'accroissement de la capacité de destruction.

Anne Berg raconte encore qu'à partir de 1939, l'Allemagne nazie entre dans une course contre la pénurie. L'industrie de l'armement pompe les matières premières ; le blocus allié resserre l'étau sur les approvisionnements. Pour compenser ces manques, le régime met en place dès 1940 une gigantesque organisation de collecte : papier, métal, os, écorces d'arbres, et même marc de brasserie sont réquisitionnés. Derrière l'apparente logique écologique se cache en réalité une volonté de prolonger la machine de guerre allemande et de dissimuler les ratés militaires aux yeux du peuple. À l'automne 1941, un unique district de Berlin a collecté plus de 60 millions de bouteilles, assurant la continuité d'un approvisionnement en vin de réserve pour l'armée. Dans la Ruhr, les équipes de ramasseurs ont broyé des milliers de tonnes d'écorces de hêtre pour créer un breuvage amer, surnommé « café de la faim », offrant un sursis à des civilisations frappées par la disette. Parallèlement, les chiffons usagés étaient désinfectés et filés pour produire des uniformes d'infanterie, tandis que les os broyés entraient dans la fabrication d'engrais et d'explosifs…

La force de l'enquête de Berg tient à son croisement rigoureux :

- des milliers de lettres entre le Ministère du Reich à l'Économie et les responsables SS des camps ;
- les bilans de production et de consommation retrouvés dans les archives de l'Office central des déchets du NSDAP ;

- les rapports médicaux internes indiquant les pathologies liées à ces régimes expérimentaux ;
- des témoignages de survivants, recueillis en 1946 et redécouverts dans les piles de microfilms soviétiques.

En replaçant la Shoah dans une perspective éco-industrielle, Anne Berg[8] nous oblige à repenser la violence nazie non seulement comme une machine de mort, mais comme un réseau de recyclage systématique : un monde où même la souffrance humaine est un matériau brut à transformer.

Aujourd'hui, plusieurs projets universitaires rassemblent historiens, archéologues et nutritionnistes pour évaluer l'héritage de ces ersatz. Ainsi, des recherches archéologiques menées à Buchenwald (fouilles des serres expérimentales de l'Institut Fette und Öle) et à Dachau (prospection RPS du bâtiment D/Ersatzlabor) confirment l'existence de laboratoires clandestins, de tunnels de service et de silos d'échantillons.

Plonger dans les restes humains et les traces matérielles offre un regard inédit sur la faim, la souffrance et la mémoire des victimes. Le livre dirigé par Caroline Sturdy Colls[9] pose les bases d'une « archéologie sensible » de la Shoah. Plutôt que de creuser, ses équipes arpentent les

---

8. *Ibid.*

9. Sturdy Colls, Caroline, « Holocaust Archaeology: Archaeological Approaches to Landscapes of Nazi Genocide and Persecution », *Journal of Conflict Archaeology*, vol. 7, n° 2, mai 2012.

anciens camps avec des sondes radar (GPR), des magnétomètres et des drones photogrammétriques. Les données sont transformées en modèles 3D, révélant la silhouette fantomatique des chambres à gaz, des baraquements ou des fosses communes – sans jamais violer le sol sanctifié par la mémoire des victimes. À cela s'ajoute un travail d'archives minutieux : témoignages d'anciens prisonniers, plans SS, clichés d'époque. Ensemble, ces approches inscrivent chaque site dans son paysage historique et humain, tout en impliquant les communautés juives et les autorités de conservation.

Les expérimentations nazies d'aliments de substitution constituent un pan encore mal documenté du génocide par la faim et de l'économie de guerre du Reich. Mais ces deux volets de recherche – l'un archéologique et isotopique, l'autre clinique et historiographique – convergent pour révéler que le nazisme institutionnalisait la faim comme méthode scientifique, non seulement pour préserver l'effort de guerre, mais aussi pour mettre à l'épreuve la « résilience raciale » des détenus. Ils démontrent comment la SS et le WVHA ont également utilisé les camps de la mort comme laboratoires vivants, aux confins de l'agronomie, de la physiologie et de la criminalité médicale.

PARTIE V

UN HÉRITAGE GÊNANT

CHAPITRE 1

Des camps de la mort à l'industrie : les controversés transferts de technologie

À la fin de la Seconde Guerre mondiale, l'industrie agroalimentaire européenne se retrouve à un carrefour historique, avec des pénuries dramatiques, des filières bouleversées et des avancées scientifiques nées de l'urgence militaire. Les grandes entreprises, encouragées par la mémoire technique des laboratoires de guerre et, parfois, par les cruelles expériences menées dans les camps de concentration, cherchent à mettre au point des procédés rapides, économiques et robustes pour nourrir les populations. Ce transfert de savoirs soulève dès lors des questions à la fois éthiques et stratégiques : comment convertir un héritage forgé dans la barbarie en innovation industrielle légitime ?

Pendant le conflit, des laboratoires nazis avaient soumis des détenus à des protocoles de déshydratation alimentaire et d'incorporation d'exhausteurs de goût et de gélifiants afin d'améliorer la gestion des rations des troupes. Les méthodes de lyophilisation et d'enrichissement protéique développées à Auschwitz ou à Dachau ont ensuite été reprises de manière anonymisée dès 1946 par des chercheurs allemands. Ces travaux ont donné naissance à des brevets directement inspirés des tests imposés aux détenus.

La filiation entre expériences inhumaines et brevets civils impose une réflexion critique. Les chercheurs de l'après-guerre ont souvent gommé toute référence aux origines nazies de leurs procédés, alors même que la rigueur méthodologique – dosage précis des gaz, contrôle stérile, suivi microbiologique – reproduisait à l'identique les protocoles appliqués sur des cobayes humains sans le moindre consentement.

L'introduction sur le marché des poudres solubles et des viandes conditionnées a profondément transformé les habitudes des ménages français et européens. En réduisant les pénuries et en allégeant les tâches domestiques, ces produits ont servi les objectifs de la politique familiale et de l'État-providence. Mais l'hyperindustrialisation a aussi accentué la rupture entre les traditions culinaires et l'alimentation de masse, donnant naissance dès les années 1960 aux premiers débats sur la qualité nutritionnelle et la dépendance aux additifs.

Au tournant des années 2000, historiens et bioéthiciens s'emparent des archives pour reconstituer l'itinéraire de ces brevets. Les analyses comparatives entre les protocoles de l'époque du conflit et les dépôts civils révèlent des similitudes troublantes, tant dans la formulation des agents gélifiants que dans la gestion des cycles de congélation, et invitent à interroger la légitimité d'une innovation née dans l'horreur.

Grandes sociétés privées du secteur agroalimentaire et exploitation dans les camps SS

Les firmes agroalimentaires les plus connues du Troisième Reich, telles que Dr. Oetker, Knorr et la filiale allemande de Maggi/Nestlé, ont massivement eu recours à la main-d'œuvre concentrationnaire pour maintenir leur production à un coût dérisoire. Dr. Oetker, basé à Bielefeld, ouvre dès 1942 un camp annexe à Buchenwald, appelé « Neubau », où près de mille détenus sont asservis à la fabrication de poudres à lever et d'arômes. Les prisonniers, originaires pour l'essentiel des territoires polonais et soviétiques, effectuent des journées de douze heures sans interruption, subissent des rationnements sévères et des punitions violentes en cas de moindre retard.

À l'usine de Knorr, à Heilbronn, des ouvriers forcés – principalement Juifs et prisonniers politiques – confectionnent des bouillons et des préparations déshydratées destinées à l'armée, avec pour seul salaire quelques miettes de pain et un peu de margarine rudimentaire. Quant à Maggi/Nestlé Allemagne, ses ateliers de Ludwigshafen et de Francfort mobilisent dès 1943 des détenus dans la production de soupes instantanées, sans versement de compensation ni soins médicaux, ce qui accélère dramatiquement le taux de mortalité au sein de ces groupes déjà affaiblis.

L'implication de ces entreprises ne se limite pas à l'expédition de commandes pour la Wehrmacht : elle repose sur une structure de recrutement organisée par les SS et l'Office économique et administratif (WVHA), garantissant un apport continu de prisonniers. Les salaires modestes versés à ces travailleurs sont immédiatement reversés à la SS, constituant une source de financement supplémentaire pour l'appareil répressif du Reich. Les conventions signées entre les industriels et la WVHA exonèrent de toute responsabilité pénale les dirigeants d'usine, même lorsque la brutalité sur le lieu de travail dépasse les seuils habituels de la violence nazie. Cette collusion, validée par des décrets internes au parti, autorise la confiscation des biens personnels des détenus, depuis leurs vêtements jusqu'à leurs produits d'hygiène, renforçant l'emprise économique et symbolique de la SS sur l'ensemble de la chaîne de production agroalimentaire.

La responsabilité juridique et morale de ces groupes agroalimentaires s'inscrit dans un mouvement historiographique récent, qui dénonce leur complicité active dans le fonctionnement du système concentrationnaire. Longtemps protégées par la politique alliée de réindustrialisation d'après-guerre, ces entreprises échappent en grande partie aux poursuites lors des procès de dénazification, tandis que leurs cadres supérieurs restent à l'abri de sanctions effectives. Ce n'est qu'à partir des années 1990, sous la pression d'associations de victimes et de commissions internationales telles que la fondation Mémoire, Responsabilité et Avenir, que certaines sociétés entament des négociations de compensation et reconnaissent publiquement leur part de devoir dans l'exploitation des détenus. Malgré ces avancées, les archives industrielles internes demeurent incomplètes et de nombreux documents révélant les pourcentages de mort et les profits réalisés par la vente aux forces armées n'ont, à ce jour, pas été rendus publics.

L'héritage mémoriel de cette page noire de l'industrie alimentaire allemande se manifeste aujourd'hui dans les parcours de visite des anciens camps et dans les recherches universitaires spécialisées. Le mémorial de Buchenwald évoque la présence du camp « Neubau » par le biais de témoignages d'anciens détenus et de séquences d'archives filmées, tandis que celui de Ravensbrück décrypte les projets de la DVA, l'Institut expérimental allemand pour la nutrition et l'approvisionnement (Deutsche Versuchsanstalt für Ernährung und Verpflegung), pilotés par la SS pour expérimenter cultures et substituts alimentaires. Des programmes de recherche interdisciplinaires, comme celui mené par l'université de Hambourg sur les fermes expérimentales de la DVA, soulignent les contradictions idéologiques entre une politique autarcique poussée à l'extrême et la voracité économique du

Hungerplan. Chaque nouvel éclairage issu de l'ouverture de fonds privés et publics contribue à une vision de plus en plus précise de l'ampleur du rôle joué par ces industriels, réaffirmant la nécessité d'une vigilance historique afin que la mémoire de l'exploitation ne s'estompe jamais.

Le cas symptomatique d'IG Farben

Pourquoi se pencher ici sur l'entreprise IG Farben, naturellement associée à la chimie (le fameux Zyklon B, le gaz mortel utilisé dans les camps d'extermination) et à l'industrie plutôt qu'à l'alimentation ?

D'une part, IG Farben ne s'est pas limitée à la chimie de guerre : son emprise sur l'agroalimentaire a également été profonde et systématique. Dès les années 1920, le groupe a industrialisé la synthèse de l'ammoniac, pivot de la fabrication d'engrais azotés destinés à doper les rendements céréaliers du Reich. Ces engrais, dérivés de procédés de Haber-Bosch (synthèse de l'amoniac) perfectionnés au sein des complexes-industriels de Leuna (près de Merseburg dans le land de Saxe-Anhalt) et de Böhlen (au sud de Leipzig dans le land de Saxe), ont transformé les pratiques agricoles en Allemagne et dans les territoires occupés. D'autre part, l'entreprise symbolise à elle seule cette collusion entre le régime nazi, l'économie et le secteur privé. Elle s'est développée grâce au nazisme : on le sait parce qu'il y a eu des procès en 1947 et 1948 qui ont fait toute la lumière sur son rôle néfaste.

Pour lutter contre les nuisibles, IG Farben a développé une filiale, la Deutsche Gesellschaft für Schädlingsbekämpfung, et multiplié les formulations de biocides. Les premiers essais sur le sarin, présenté en 1939 comme un insecticide révolutionnaire, témoignent de cette porosité entre usages agricoles et militaires : après-guerre, la molécule, dont l'innocuité pour les cueilleurs était loin d'être assurée, servira à l'OTAN de base pour développer un gaz neurotoxique. Parallèlement, Soja AG, autre branche du conglomérat, visait le traitement et la valorisation du tourteau de soja pour l'alimentation animale, une production strictement encadrée afin d'assurer une chaine d'approvisionnement intégrée, depuis le granulé jusqu'à l'abattoir, toujours sous logo IG Farben.

Cette stratégie agrochimique n'était pas un simple panachage de techniques : elle participait à la sécurité alimentaire nationale, à la fois pour soutenir l'effort de guerre et pour asseoir le contrôle du régime sur les populations civiles. Le Reich, en quête d'autarcie, voyait dans ces « innovations » la promesse d'une croissance inépuisable – sans se douter que l'usage massif d'engrais et de pesticides chimiques inaugurerait, dès les années 1950, une crise écologique et sanitaire encore mal comprise. Le volet agroalimentaire d'IG Farben rappelle que la chimie industrielle, loin d'être neutre, marque de son empreinte notre histoire économique et environnementale.

L'entreprise IG-Farbenindustrie AG, souvent abrégée en IG Farben, naît le 2 décembre 1925 de la fusion de six groupes majeurs : Agfa, BASF, Bayer, Griesheim-Elektron, Hoechst et Weiler-ter Meer. Ce cartel a rapidement dominé l'industrie chimique mondiale, devenant dans les années 1920 la quatrième plus grande entreprise industrielle au monde, derrière General Motors, US Steel et Standard Oil. De 1925 à 1939, IG Farben s'est structuré autour d'un grand centre de recherche et de partenariats internationaux, notamment avec Standard Oil aux États-Unis et Montecatini en Italie. Les innovations clés comprenaient la synthèse de l'ammoniac (pour engrais et explosifs), du caoutchouc et de l'essence synthétiques, des plastiques, des textiles artificiels et des antibiotiques de type sulfamide.

Dès 1933, IG Farben engage la « politique du chéquier » (investir massivement) pour séduire le nouveau pouvoir : 400 000 reichsmarks sont versés au NSDAP avant les élections de mars, puis 4,5 millions de reichsmarks d'ici la fin de l'année. Au total, jusqu'en 1945, les paiements officiels et « de coordination industrielle » atteignent 39,6 millions de reichsmarks, répartis entre le Fonds Adolf Hitler et le Secours d'hiver du peuple allemand, ainsi que des subventions aux SS et à la SA. Parallèlement, la direction d'IG Farben s'« auto-nazifie » : dès 1936, un tiers des membres du conseil et du comité central sont adhérents du parti, la purge antisémite est achevée en 1938 et l'entreprise devient un important fournisseur d'État pour le plan quinquennal, chargé d'assurer la production de carburant et de caoutchouc synthétiques indispensables à l'effort de guerre allemand.

En 1941, IG Farben décide d'implanter à Monowitz, près d'Auschwitz, une gigantesque usine de caoutchouc synthétique, Buna. Près de 35 000 prisonniers, pour la plupart juifs, participent à sa construction. Plus de 20 000 y périssent sous les conditions inhumaines (faim, froid, maladies et brutalités). IG Farben emploie également quelque 30 000 travailleurs forcés à Auschwitz et dans d'autres camps satellites, réduits à l'état d'auxiliaires pour faire tourner ses installations chimiques et pétrolières. L'une des filiales d'IG Farben, Degesch, détient la licence du Zyklon B, gaz insecticide rapidement détourné pour les chambres à gaz d'Auschwitz et d'autres camps. Plus d'un million de victimes y trouvent la mort entre 1941 et 1945. La participation d'IG Farben à la fourniture de ce gaz fait d'elle l'un des « industriels les plus infâmes du Troisième Reich[1] ».

Après la capitulation, le bâtiment-siège d'IG Farben à Francfort est réquisitionné par les forces alliées. Dans le cadre des Subsequent Nuremberg Trials, le procès dit « IG Farben Trial », qui dura du 27 août 1947 au 30 juillet 1948, devant le Military Tribunal VI voit vingt-quatre directeurs

---

1. Linder, Stephan H., *Au cœur de l'IG-Farben. L'usine de chimique de Hoechst sous le Troisième Reich*, traduit par Hervé Joly, éd. Les Belles lettres, 2010, p. 9.

inculpés pour crimes de guerre, crimes contre l'humanité et spoliation. Treize sont reconnus coupables et condamnés de 1 à 8 ans de prison, mais bénéficient de « good time credits » et sortent dès 1951. Le 20 août 1952, l'entreprise est formellement démantelée, ses activités et actifs répartis entre BASF, Bayer et Hoechst (devenues Sanofi, Agfa, Clariant…) ; en RDA, les sites sont nationalisés.

Les trois sociétés héritières – BASF, Bayer et Hoechst – conservent une forte coopération informelle et jouent un rôle moteur dans le « Miracle économique » (Wirtschaftswunder) ouest-allemand. Nombre d'anciens ingénieurs et chimistes d'IG Farben sont réembauchés, souvent dans le développement d'engrais azotés, de biocides et de phyto-pharmaceutiques destinés à l'agriculture intensive. Bayer, en particulier, devient un acteur majeur de la chimie agricole (en développant par exemple des herbicides à base de glyphosate) et crée dans les années 1950 un département « Produits alimentaires et nutrition » pour valoriser ses co-produits azotés sous forme de compléments et additifs. Plusieurs anciens hauts responsables du régime nazi retrouvent des postes-clés : Fritz ter Meer, condamné pour son rôle à Auschwitz, devient président de Bayer après sa libération, illustrant la continuité des réseaux industriels d'avant-guerre jusqu'à la reconstruction économique d'après-guerre.

Le legs d'IG Farben est aujourd'hui double : d'une part, la réussite scientifique et industrielle de ses successeurs ;

d'autre part, la culpabilité historique de l'entreprise dans l'Holocauste. En 2004, l'université de Francfort inaugure le mémorial Norbert Wollheim dans l'ancien siège d'IG Farben, pour commémorer les travailleurs forcés et les victimes du Zyklon B. Bayer présente en 1995 des excuses publiques, mais l'exigence de réparations et d'études indépendantes reste vive parmi les historiens et les associations de victimes, rappelant qu'une modernité chimique prospère ne doit jamais occulter l'horreur de son origine.

Les travaux essentiels de Robert Proctor

Le chercheur qui a le plus travaillé sur la science, la recherche, la chimie et les nazis, dont les travaux sont essentiels, s'appelle Robert N. Proctor. Né le 25 juin 1954 à Corpus Christi, au Texas, Robert Neel Proctor est un historien des sciences américain. Professeur d'histoire des sciences à l'université Stanford, il est reconnu pour ses travaux sur la manière dont les savoirs scientifiques se lient aux pouvoirs économiques et politiques. En 1988, Proctor publie *Racial Hygiene : Medicine Under the Nazis*[2], une étude pionnière qui explore comment les médecins nazis, inspirés par l'eugénisme américain, ont transformé la « pureté » raciale en politique d'État, et justifié stérilisations et expérimentations inhumaines. Dans cet ouvrage, il

---

2. Proctor, Robert N., *Racial Hygiene: Medicine Under the Nazis*, Harvard University Press, 1988.

expose le rôle central de la science médicale dans la mise en œuvre des lois raciales du Troisième Reich.

Tout au long de ses travaux, Robert N. Proctor décrit les rouages qui, sous le Troisième Reich, ont transformé la recherche en un instrument de domination et d'extermination. En s'appuyant sur des milliers de pages de correspondances officielles, de rapports confidentiels et d'entretiens avec d'anciens scientifiques impliqués, il décrit la mainmise du ministère du Reich de l'Armement et des Munitions (Reichsministerium für Bewaffnung und Munition) sur les laboratoires universitaires et militaires, où l'on forgeait non seulement de nouvelles armes, mais aussi des rations de survie destinées à soutenir la machine de guerre. Derrière chaque innovation – que ce soit la mise au point de poudres de vitamine B à large échelle ou l'encapsulation d'arômes pour sublimer des bouillies dépourvues de goût – se trouve une volonté politique implacable : étendre sur le monde la domination nazie par la science, jusqu'à expérimenter la privation ou l'ingestion forcée sur des cobayes humains dans les camps d'Auschwitz et de Dachau.

Pour nourrir ses soldats et affermir son emprise sur les populations conquises, le régime mobilisa en priorité des chimistes et des agronomes aux compétences poussées. Proctor montre comment les brevets déposés entre 1935 et 1945, certains demeurés secrets jusqu'aux années 1950, étaient conçus pour répondre à des critères de transport aisé, de conservation extrême et de densité nutritionnelle. Les laboratoires nazis ont poussé la lyophilisation à un point tel que leurs produits, séchés sous vide à moins de 5 % d'humidité, pouvaient se conserver des années dans des emballages hermétiques, laissant poindre l'obsession d'une guerre sans limites. Sous la houlette de l'industrie chimique – IG Farben en tête – et de plusieurs instituts agronomiques, ces recherches furent ainsi dotées de financements colossaux, garantissant un complément de protéines synthétiques et d'additifs vitaminiques à l'effort militaire.

Outre IG Farben, Proctor évoque brièvement les chimistes de la DFG (Deutsche Forschungs-Gemeinschaft) et les succursales d'entreprises électriques comme Siemens, réquisitionnées pour concevoir des systèmes de congélation portables. Ces acteurs secondaires, souvent moins documentés, participèrent néanmoins aux mêmes réseaux de financements et de transferts de brevets vers l'industrie pharmaceutique et agroalimentaire de l'après-guerre.

À l'effondrement du Reich, l'industrie put exploiter le trésor de brevets accumulé pour reconstruire les économies occidentales. Dès 1946, nombre de scientifiques nazis rejoignirent des instituts de recherche ouest-allemands, parfois même français, où ils remirent en circulation sous des licences civiles les procédés de lyophilisation ou de micro-encapsulation qu'ils avaient perfectionnés pour l'armée. Proctor retrace l'itinéraire sinueux de ces savoir-faire : racheté, remanié, redéposé sous de nouveaux noms, ce patrimoine scientifique entaché trouvait alors un second souffle dans l'univers pharmaceutique, l'agroalimentaire des poudres instantanées et la nutrition hospitalière.

Mais au-delà de la plasticité des techniques, c'est l'impunité morale qui frappe le plus. Pour Proctor, séparer l'efficacité d'une invention de sa genèse sanglante relève de l'hypocrisie : toute utilisation contemporaine de ces méthodes devrait s'accompagner d'une reconnaissance publique de leur origine et de la peine due aux victimes. Il appelle à une « mémoire critique » capable de faire vivre le souvenir de ces expériences inhumaines dans les laboratoires nazis, afin que la porosité entre progrès et barbarie ne soit jamais effacée.

Aujourd'hui, alors que les secteurs de la biotech et de l'agroalimentaire explorent à leur tour les confins de la génétique et des protéines de synthèse, les travaux de Proctor résonnent comme un avertissement : l'innovation ne se dissocie jamais de son contexte historique. La science, quand elle devient otage d'une idéologie mortifère, peut produire des avancées techniquement remarquables tout en perpétuant l'injustice la plus cruelle. C'est en gardant vivante la conscience de cette dérive que la communauté scientifique pourra préserver son intégrité, mais aussi empêcher que la quête du rendement et de l'efficacité ne l'aveugle face aux exigences fondamentales de l'éthique et de l'humanité.

Les publications de Robert Proctor ont profondément bouleversé les études sur la science nazie et l'histoire de la médecine. L'effet académique ne s'est pas limité aux citations : Proctor a ouvert la voie à des enquêtes plus fines sur la Société professionnelle des chimistes (Deutsches Chemisches Gesellschaft), confortant les travaux de Helmut Maier et Ute Deichmann qui, dans les années 2010, ont mis au jour la complicité active des chimistes allemands dans la politique raciale et militaire du régime. Cette chaîne de recherches alimente aujourd'hui des colloques internationaux sur l'éthique de la propriété intellectuelle et l'héritage des brevets issus de régimes autoritaires.

L'un des disciples de Proctor se nomme Stephan H. Lindner. Il a écrit *Inside IG Farben/Hoechst During the Third Reich* en 2008[3]. Ce livre se présente comme une enquête minutieuse et documentée sur Hoechst, l'une des filiales les plus emblématiques du géant chimique IG Farben, active au cœur de l'économie nazie. Publié par Cambridge University Press, cet ouvrage s'appuie sur une fouille systématique d'archives privées et publiques – dont des centaines de registres de conseils d'administration, de correspondances internes et de rapports d'inspection rédigés par les autorités du Reich – pour retracer la dérive d'Hoechst dans le système totalitaire.

3. Lindner, Stephan H., *op. cit.*

L'ouvrage consacre un tiers de son propos à la main-d'œuvre forcée. Il révèle qu'à partir de 1942, le complexe d'Hoechst fait appel à plus de 3 000 travailleurs réquisitionnés – des prisonniers de guerre soviétiques, des intellectuels tziganes et des déportés des camps d'Hessisches Lager. Les mémoires d'ingénieurs et les témoignages recueillis après guerre décrivent les chaînes de montage installées à même les dortoirs, l'absence de soins médicaux et les cadences infernales imposées par les contremaîtres SS.

Dans un chapitre central, l'auteur révèle le rôle d'Hoechst dans la production de précurseurs de gaz de combat (phosgène, diphénylcyanarsine) et, plus insidieusement, de solvants pour les chambres à gaz. Des documents internes montrent que plusieurs lots de Zyklon B, officiellement destinés à des usages agricoles, ont transité par les services de logistique d'Hoechst avant d'être expédiés vers Auschwitz et Treblinka. C'est l'un des points essentiels : souvent, des produits destinés à un usage spécifique, en l'occurrence, une utilisation dans l'agriculture, étaient dévoyés au profit de l'industrialisation de la mort.

L'analyse s'appuie aussi sur les procès-verbaux du tribunal de Nuremberg et des audiences du tribunal militaire international : loin d'être de simples sous-traitants, les cadres d'Hoechst apparaissent comme des partenaires volontaires du régime. Des lettres adressées à Göring et Himmler en 1943 font état de la gratitude du parti pour « l'excellence scientifique » dont la firme a fait preuve.

Après la guerre, l'ouvrage suit la lente procédure de dénazification. Tandis que les chefs de département profitent de l'amnistie pour reprendre leurs fonctions, de nombreux techniciens et ingénieurs échappent à toute mise en cause grâce à une stratégie de camouflage des archives – falsification de dates, suppression de noms incriminants – que l'historien reconstitue grâce à la comparaison des originaux et des exemplaires déclassifiés par les Alliés.

Les deux derniers chapitres dressent un bilan contrasté : d'un côté, la relance spectaculaire d'Hoechst dès 1952, avec le soutien du gouvernement fédéral et des crédits Marshall ; de l'autre, la quasi-absence de réparations versées aux victimes du travail forcé. L'auteur montre comment la firme a fait oublier son passé en finançant des chaires universitaires en chimie et en s'investissant dans la RFA naissante.

On sort de cette lecture avec le sentiment d'un équilibre rompu : la puissance technologique et la soumission idéologique se sont alimentées l'une l'autre. *Au cœur de l'IG Farben* tient autant du livre d'histoire économique que du réquisitoire moral. Il rappelle que, derrière l'innovation, se cachent parfois des complicités dont l'ampleur ne se mesure que rétrospectivement.

Les trésors des brevets

Au soir de la guerre, les Alliés se découvrent en possession d'un trésor inattendu : des kilomètres de microfilms renfermant les brevets déposés par le Reich, des dispositifs d'encapsulation aux techniques de synthèse des vitamines, des procédés de lyophilisation aux formules de caoutchouc synthétique. Dès l'entrée des troupes américaines dans Berlin, l'Office allemand des brevets et des marques (Deutsches Patentamt) est investi par des soldats équipés d'appareils de microfilmage ; chaque document est saisi, classé, puis acheminé vers les centres de documentation du Technical Industrial Intelligence Committee, à Washington, du TID (Technical Intelligence Division), au Royaume-Uni, et de leur pendant soviétique. Plus de 600 tonnes de dossiers patientent dans des entrepôts militaires, dont seule une fraction est véritablement exploitée par l'industrie civile locale, tant l'abondance des archives crée un véritable « goulet d'information ».

Rapidement, des équipes d'experts civils et militaires – chimistes, ingénieurs agronomes, vétérans du Manhattan Project, officiers de l'Agence conjointe pour les objectifs de rensignement, l'organe chargé d'identifier et de recruter des scientifiques allemands pour le compte des États-Unis, sillonnent les zones d'occupation pour interroger les inventeurs, reproduire les machines de laboratoire et évaluer la fiabilité des procédés. Certains brevets sont déclarés « *propriety captured* » (ensemble des biens matériels et immatériels comme les brevets) et entrent dans le domaine public américain, ouvrant instantanément la voie aux industriels de Seattle à Chicago, qui se ruent sur les cahiers des charges pour développer des poudres solubles, des substituts de viande et des alliages élastomères en quelques saisons seulement. Le Royaume-Uni, de son côté, transfert le savoir-faire nazi pour développer engrais synthétiques, substituts alimentaires et procédés de conservation, impulsant la modernisation de l'agriculture et de l'industrie alimentaire dans le pays, tandis que la France, lourdement dépendante de ses colonies, étend l'usage des vitamines de synthèse pour soutenir ses régiments outre-mer.

Dans la zone soviétique, le transfert est plus brutal : certaines machines et procédés industriels sont littéralement démontés et exfiltrés par convoi ferroviaire avant d'être réimplantés dans les usines de la Volga ou de l'Oural. Le Kremlin considère ces acquis comme des « réparations technologiques » dues au sacrifice du peuple soviétique et lance des programmes de recherche prioritaires sur la chimie industrielle, la métallurgie et l'agroalimentaire. La jeune RDA hérite ainsi d'un stock de techniques qu'elle ne tarde pas à redéposer sous licences est-allemandes, rebaptisées et parfois légèrement modifiées, sans que l'origine ne soit systématiquement révélée.

Pourtant, cette ruée vers le matériel scientifique nazi se heurte vite à un paradoxe : si les brevets décrivent des principes et des modes opératoires, ils ne révèlent pas toujours l'art de la mise au point, l'ajustement des paramètres ou la maîtrise des matières premières locales. Beaucoup de plans d'usines sont obsolètes, les matières premières bouleversées par le conflit, et certains inventeurs se montrent réticents à dévoiler les recettes de peur d'être jugés pour complicité. L'Amérique met alors en place des incitations financières pour attirer ces ingénieurs, tandis que Londres propose des postes universitaires mirobolants pour consigner le savoir-faire.

Au final, si de nombreuses innovations nazies trouvent un second souffle – la lyophilisation devient un pilier de la pharmacopée, la micro-encapsulation révolutionne les boissons instantanées, les poudres nutritionnelles s'imposent dans les armées de l'OTAN –, l'exploitation reste inégale. Les États-Unis engrangent le plus de retombées industrielles, le Royaume-Uni capte les procédés les plus adaptés à ses besoins alimentaires, la France importe laboratoires et brevets, et l'URSS intègre la plupart des formules dans son plan quinquennal. La Bourse de la propriété intellectuelle sort transformée : la guerre industrielle a ouvert une ère où le pillage de brevets devient une politique géostratégique, posant les jalons des disputes sur les transferts de technologie, qui perdurent parfois jusqu'à aujourd'hui.

Entre 1948 et 1965, les grands noms de l'agroalimentaire européen ont mis au point les « briques » technologiques qui structurent aujourd'hui encore notre façon de conserver, de réhydrater et de structurer la texture des aliments. Le géant Dr. Oetker dépose en 1950 un brevet qui décrit un procédé permettant d'obtenir des poudres instantanées – potages, sauces ou préparations pâtissières – capables d'être reconstituées en moins de 30 secondes dans l'eau chaude. On y retrouve les mêmes paramètres de pression (0,1 mbar) et de montée en température (jusqu'à 175 °C) que dans les installations militaires de lyophilisation d'avant-guerre. Chez des géants de l'industrie laitière, on identifie des brevets sur la fabrication de laits fermentés instantanés, des procédés utilisés dans les rations militaires protéinées. Il y a aussi des brevets sur le conditionnement sous atmosphère modifiée des viandes. Un brevet d'un grand industriel de la viande déposé en 1961 recommande un mélange de 70 % d'azote et 30 % de CO_2 pour freiner le développement microbien et prolonger la durée de vie jusqu'à douze jours à 4 °C, contre trois à quatre jours en emballage classique. Cette technique est directement issue des recherches militaires et devient un standard pour le transport longue distance.

Chacune de ces innovations témoigne d'une même obsession : reproduire en un temps record, à grande échelle, les solutions de survie logistique développées durant le conflit. Des poudres instantanées aux substituts végétaux et aux emballages protecteurs, le passage du laboratoire militaire à l'usine civile s'est fait sans rupture technologique, mais toujours sous le signe de la robustesse et de la rapidité.

Le commerce avant tout. Le commerce avant la morale.

CHAPITRE 2

Sauces brunes

Dans le grand exercice de repentance des entreprises allemandes qui ont été étroitement liées au nazisme, et dont certaines ont fait fortune par cupidité et ont adhéré par idéologie, il y a évidemment de grandes marques comme Continental, Siemens ou Volkswagen, principalement de l'industrie lourde, des équipementiers, etc. Dans l'agroalimentaire, on compte seulement deux compagnies : Bahlsen, fabricant de biscuits (et encore, pour Bahlsen, l'exercice de mémoire est récent, les travaux de deux universitaires ont été présentés en 2024[1]), et Dr. Oetker, au chiffre d'affaires conséquent[2], considéré un peu comme

---

1. GRIEGER, Manfred et BERGHOFF, Hartmut, *Die Geschichte des Hauses Bahlsen. Keks – Krieg – Konsum 1911-1974*, Wallstein Verlag, 2024.

2. Sur l'exercice 2024, sa seule division « alimentation » (incluant Coppenrath & Wiese) a généré à elle seule environ 4,3 milliards d'euros de ventes. Son chiffre d'affaires est d'environ 12 milliards d'euros. Dr. Oetker est implanté dans plus de 40 pays, avec des sites de production et des filiales en Europe (Allemagne, France, Italie, Belgique, Pologne, Espagne, Pays-Bas, etc.), en Amérique du Nord et du Sud, en Afrique (Afrique du Sud, Maroc, Tunisie), en Asie (Inde, Corée du Sud, Malaisie) et en Océanie (Australie,

le Danone germanique, le géant de la pizza surgelée (environ 4,5 millions de pizzas produites chaque jour dans le monde), des préparations pour pâtisserie (la célèbre levure chimique Backin), et des bretzels pour l'apéritif, en profusion dans les étals des grandes et moyennes surfaces en Allemagne et en Europe, dont la France sous la marque Ancel (les sticks de bretzels pour l'apéritif notamment).

L'aventure industrielle du Dr. Oetker démarre en 1891, lorsque le pharmacien August Oetker met au point Backin, la première levure vendue en sachets à dose unique. Une invention en or. Dr. Oetker s'impose comme une référence de la cuisine ménagère allemande. La fortune initiale provient de ce conditionnement révolutionnaire, suivi dans les années 1920-1930 par des préparations pour gâteaux, puddings et céréales, qui font la renommée d'un groupe encore centré sur la boulangerie. Après la mort d'August en 1918, c'est Richard Kaselowsky, qui prend les rênes de l'entreprise.

Nazi convaincu, Richard Kaselowsky (14 août 1888 – 30 septembre 1944) est la clé de voûte de l'expansion de la société durant l'entre-deux-guerres et l'époque du Troisième Reich. Fils d'un industriel de Bielefeld, docteur en droit (Goethe-Universität, 1919) il épouse en 1919 Ida Meyer, veuve de Rudolf Oetker (le fils d'August Oetker),

---

Nouvelle-Zélande). Chaque année, la marque lance plus de 130 nouveautés à l'international.

et devient ainsi le beau-père de Rudolf August Oetker, le petit-fils d'August Oetker. Il prend la direction opérationnelle de l'entreprise dès 1920, en faisant passer les effectifs de quelques centaines à plus de 600 salariés. Membre du NSDAP à partir du 1er mai 1933, il gravit, grâce à d'importantes donations à Himmler (80 000 reichsmarks), les échelons de la SS jusqu'au grade de Gruppenführer et intègre le cercle fermé du Freundeskreis der Wirtschaft, un club de patrons soutenant financièrement les recherches eugénistes de l'Ahnenerbe, la Société pour la recherche et l'enseignement de l'héritage ancestral, créé en 1935 par Himmler et Darré avec pour mission d'étudier la sphère, l'esprit, les hauts faits et le patrimoine de la race indo-européenne nordique. Même si pour continuer à faire des affaires, la majorité des chefs d'entreprise adhèrent au NSDAP – c'est une obligation –, Richard Kaselowsky veut, lui, jouer un rôle très actif et s'impliquer au plus haut niveau dans cette nouvelle société qu'il admire.

Sous son autorité, Dr. Oetker devient l'un des « modèles nationaux » vantés par le régime : ses usines de Bielefeld et de Berlin-Spandau exploitent massivement des travailleurs forcés – jusqu'à 50 % des effectifs sont composés de détenus soviétiques, polonais ou « aryanisés » – et profitent de la spoliation des biens juifs pour élargir leur parc immobilier (notamment l'acquisition de la villa du directeur de Reemtsma). Kaselowsky négocie directement avec les hauts responsables SS pour obtenir main-d'œuvre et matières premières, et met à disposition de laboratoires militaires des brevets internes sur la stabilisation des levures et l'amélioration des farines destinées aux rations de campagne de la Wehrmacht. Coup du sort, il meurt, ainsi que sa famille, sous les bombes alliées en septembre 1944, dans le bunker de sa villa.

À partir de 1942, Rudolf-August Oetker, le fils adoptif de Kaselowsky, intègre la Waffen-SS, sert à Dachau comme officier SS, à l'invitation de Himmler, puis vient reprendre l'empire familial à la fin de la guerre. Il diversifie les activités, crée des filiales hôtelières, des lignes de boissons, un réseau bancaire, le transport maritime et la parfumerie, sans jamais évoquer ses années de guerre. La prospérité tirée de ces bénéfices de guerre profite au groupe qui finance, dès 1973, le lancement de sa ligne de pizzas surgelées « Ristorante », véritable succès commercial international, qui va propulser cette PME déjà bien prospère en conglomérat mondial.

Ce n'est qu'en 2013 que la famille Oetker décide d'« assumer ce passé ». À l'initiative d'August Oetker (né en 1949), alors patron, le groupe commande à une équipe dirigée par Andreas Wirsching une monographie sans concession[3]. Si les archives ont été ouvertes et confiées aux historiens qui ont pu faire la lumière sur cette histoire et avoir accès aux notes internes, et s'il y a eu repentance,

3. Wirsching, Andreas, Keller, Sven, Finger, Jürgen, *Dr. Oetker und der Nationalsozialismus: Geschichte eines Familienunternehmens*, C.H. Beck, 2013.

c'est bien grâce au fils de l'ancien magnat de la levure industrielle, qui a attendu le décès de son père, en 2007. Une nouvelle génération a alors besoin de se débarrasser de ce passé encombrant. D'autant que, rappelons-le, Rudolf-August Oetker, patron quasiment indétrônable, fut quand même officier SS au camp de Dachau et membre de la Waffen-SS. Cependant, malgré ce travail titanesque et salvateur, il reste des zones d'ombre. En particulier, la façon dont toutes les expériences et les procédés testés auprès des déportés des camps ont été recyclés de manière discrète dans l'industrie agroalimentaire allemande et même européenne. Le petit-fils d'August a reconnu publiquement, dans *Die Zeit*[4], la « collaboration active » de Kaselowsky et de son propre père, qu'il qualifie de national-socialiste avéré (« erwiesenermaßen Nationalsozialist ») : « Nous connaissons maintenant les faits et le brouillard s'est dissipé », avoue-t-il devant les caméras de la BBC[5].

Sur le plan historiographique, Andreas Wirsching et ses coauteurs ont dévoilé, dès 2013, le rôle central joué par Kaselowsky dans la « logistique nazie » de la marque Dr. Oetker, tandis que des historiens et chercheurs ont souligné l'étroite collusion entre industrie familiale et SS, à la fois sur le plan financier et technologique.

---

4. *Die Zeit*, entretien avec August Oetker, 18 octobre 2013.

5. BBC News, « German pizza giant Dr. Oetker reveals Nazi-era past », 18 octobre 2013. Disponible en ligne à l'adresse : https://www.bbc.com/news/world-europe-24580073

Ces deux figures, Richard Kaselowsky et Rudolf-August Oetker, incarnent parfaitement la porosité entre grand patronat allemand et pouvoir nazi : l'un forge l'appareil industriel de guerre et d'expropriation, l'autre assure la pérennité et l'expansion mondiale de la marque, jusqu'à ce que la famille, sous la pression contemporaine, engage des travaux de mémoire, encore jugés partiels par la recherche académique.

Dans le même travail de mémoire, en 2015, le groupe a confié à l'historien Sven Keller un audit de sa collection d'art : quatre tableaux volés à des familles juives figurent encore dans les réserves, comme le souligne Alex Swerdloff pour *Vice* en novembre 2016[6]. Les ayants droit sont contactés pour engager des négociations de restitution, et Dr. Oetker consent à verser de l'argent à un fonds destiné aux anciens travailleurs forcés. Toutefois, selon l'historien Olaf Blaschke[7], cette démarche reste « contrôlée de bout en bout par l'entreprise » et ne constitue pas une ouverture totale des archives.

---

6. Swerdloff, Alex, « La marque de pizzas surgelées qui détenait des œuvres d'art volées par les nazis », *Vice* [en ligne], 10 novembre 2016. Disponible à l'adresse : https://www.vice.com/fr/article/la-marque-de-pizzas-surgelees-qui-detenait-des-oeuvres-dart-volees-par-les-nazis/

7. Olaf Blaschke est né le 29 mai 1963 à Bielefeld. Historien et professeur d'université allemand, il enseigne depuis 2014 l'histoire moderne et contemporaine à l'université de Münster, avec un accent particulier sur le XIXe et le XXe siècle.

L'histoire de Dr. Oetker, de sa levure éponyme à ses pizzas surgelées, est donc indissociable d'un réseau de complicités nazies : recours massif au travail forcé, production d'armes sous brevets SS et détention d'œuvres d'art spoliées. Cette entreprise n'est évidemment pas la seule à avoir été ouvertement complice du système nazi, elle est l'une des multiples compagnies qui y ont adhéré par opportunisme financier et idéologie, mais elle est symptomatique de cette époque. Elle semble « inoffensive » en vendant des levures pour gâteaux alors que ses dirigeants étaient des nazis notoires, et elle a pris des participations dans des sociétés qui fabriquaient des armes construites par des détenus réduits à l'esclavage. La firme était présente à tous les stades de la société nazie, y compris dans son aspect le plus noir, le système concentrationnaire.

Si le groupe a fait un pas décisif en 2013, le « devoir de mémoire » reste, pour les historiens, un chantier ouvert : ils appellent plus largement à la création d'un comité indépendant garantissant l'accès intégral aux archives 1933-1945, condition nécessaire à une véritable réconciliation avec son passé.

Bahlsen, des biscuits à la croix gammée

Au-delà des exemples de Dr. Oetker, Pfanni et Maggi, aucune étude académique n'a à ce jour mis en évidence un recyclage de procédés nazis chez Bahlsen pour la confection de ses biscuits. En revanche, cette entreprise de

Hanovre illustre parfaitement la face noire de la « cuisine de l'ombre » nazie à travers l'exploitation massive du travail forcé et la détention prolongée d'œuvres d'art spoliées.

En août 2024, la famille Bahlsen charge Manfred Grieger et Hartmut Berghoff d'une enquête interne approfondie, restée inédite hors archives privées, qui fait ressortir que près de 800 détenus, principalement des Polonais et des Ukrainiens recrutés par l'organisation Todt, chargée des grands travaux de construction en Allemagne et dans les territoires occupés, ont été astreints entre 1940 et 1945 aux chaînes de production de l'usine de Hanovre. Logés dans des baraquements attenants aux ateliers, ces travailleurs forcés préparaient, cuisinaient puis conditionnaient biscuits apéritifs et gâteaux destinés tant aux troupes allemandes qu'au marché civil.

Contrairement aux cas des entreprises Pfanni ou de Maggi, l'examen des dépôts après la guerre de l'OEB n'a révélé aucune demande de brevet de Bahlsen. Cette absence s'explique peut-être par le fait que la production de biscuits secs, à durée de vie réduite, ne nécessitait pas les techniques de conservation extrêmes développées dans les camps. De plus, les archives de recherche et développement de Bahlsen restent largement inaccessibles, empêchant, pour l'instant, toute étude indépendante susceptible de confirmer ou d'infirmer la présence de procédés SS dans ses formulations.

Mais la mémoire de l'entreprise se heurte encore à une autre controverse : en 2019, plusieurs tableaux et objets d'orfèvrerie spoliés à des familles juives sont découverts dans la collection privée de la famille Bahlsen. Face à l'émoi suscité, le groupe crée un « fonds de mémoire » destiné à financer la recherche sur ces spoliations et entame des négociations de restitution avec les héritiers. Si cette démarche marque une avancée, elle demeure insuffisante selon les historiens allemands qui soulignent l'absence d'un observatoire externe garantissant la transparence et la durée de l'engagement.

Au regard de cette double réalité – exploitation de travailleurs forcés et spoliations d'art –, Bahlsen apparaît comme un cas exemplaire de complicité industrielle sous le Troisième Reich, sans pour autant démontrer, à ce stade, un transfert direct de technologies issues des camps de concentration dans son savoir-faire de biscuitier.

Plusieurs spécialistes appellent donc désormais à l'ouverture intégrale des archives internes, qu'il s'agisse des registres de travail, des correspondances ou des documents techniques, afin de mesurer l'ampleur exacte des responsabilités de la marque et de faire enfin toute la lumière sur sa place dans l'économie nazie. Certains historiens estiment ainsi qu'une plongée systématique dans les brevets de 1941-1945 révélera sans doute un réseau étendu de techniques, procédés et méthodes testés dans les camps de la mort et recyclés dans l'industrie agroalimentaire d'après-guerre. Il y a encore du travail en perspective pour les chercheurs qui éclairent cet aspect sinistre de l'économie agroalimentaire allemande, seul moyen de regarder l'histoire en face et d'avancer.

CHAPITRE 3

Blanchir les nazis

Dans *Les Nazis en fuite*[1], l'auteur Gerald Steinacher raconte dans le détail comment de nombreux criminels de guerre nazis ont réussi à fuir à l'étranger, via différentes organisations, comme la CIA, la Croix-Rouge et le Vatican. Le récit est édifiant. Des parcours, comme celui de Klaus Barbie, sont rocambolesques et tragiques. Mais il y a aussi tous les nazis moyens, les nazis « next door » qui, eux, après la défaite d'Hitler, restent soit à l'Ouest, soit à l'Est, en se recyclant dans la police, la justice, la haute fonction publique, ou qui poursuivent leurs activités professionnelles de commerçants ou d'industriels. Une vaste entreprise de blanchiment de la barbarie ordinaire.

Doctorante en histoire économique à l'université de Leipzig, ex-grande cité de l'ex-RDA, Julia Meier, qui consacre sa thèse en 2021 à l'étude de la dénazification

---

1. Steinacher, Gerald, *Les Nazis en fuite. Croix-Rouge, Vatican, CIA*, traduit de l'anglais par Simon Duran, Perrin, 2015.

des dirigeants d'entreprises familiales allemandes, avec un focus particulier sur Rudolf-August Oetker (1916-2007), fouille dans les archives des procédures de dénazification (Spruchkammerverfahren) du land de Rhénanie-du-Nord-Westphalie, dans les dossiers du Gouvernement militaire à Francfort et les registres de la Chambre de commerce franco-allemande. Ce qu'elle a trouvé est surprenant et instructif. La chercheuse montre comment Rudolf-August Oetker a utilisé son grade de capitaine (Hauptsturmführer) dans la Waffen-SS pour obtenir une requalification de « bénéficiaire passif » et éviter les catégories de sanctions les plus sévères (I et II).

Là où un cadre SS « ordinaire » subit au minimum six à huit mois d'internement et de suspensions de licences, Oetker, grâce à des témoignages de paysans de la région de Höxter et à l'appui discret d'anciens cadres de la Wehrmacht, obtient en février 1948 un acquittement (Freispruch) sous conditions, ce qui lui offre la possibilité de reprendre la direction opérationnelle du groupe dès juin 1948[2]. Ce qu'il fait sans vergogne.

Et ce sont les États-Unis qui lui donnent le quitus pour récupérer le commandement de son business. Dans les archives américaines, son engagement SS est présenté comme un simple « devoir militaire », et non comme une participation idéologique. La contribution d'Oetker à la production alimentaire (pour rappel, les levures et

2. Meier, Julia, *Denazification and Corporate Continuity: The Case of Dr. Oetker*, thèse, université de Leipzig, 2021, chap. 4, p. 112-138.

préparations pâtissières) est mise en avant pour plaider « un rôle essentiel dans l'approvisionnement civil », justifiant la levée des sanctions. La chercheuse aurait pu s'arrêter là, mais le cas de Rudolf-August Oetker est symptomatique de ce blanchiment généralisé du passé nazi. Julia Meier détaille ainsi la stratégie déployée pour rouvrir les marchés d'exportation.

L'entreprise peut, dès 1949, obtenir des quotas d'exportation vers les États-Unis, notamment pour ses préparations pâtissières « Backin Plus » (son produit phare), et approvisionner la France au titre du plan Marshall, sans que l'Office français de répression de la contrefaçon ne relève d'irrégularité dans la chaîne d'« aryanisation » des intermédiaires.

L'enquête de Meier souligne que cette réintégration rapide est largement tolérée par les autorités françaises : les archives de l'Agence générale des alimentations et boissons[3] montrent que Dr. Oetker bénéficie d'un « label de qualité allié » dès 1951, alors même que d'autres

---

3. Le mémorandum interne daté du 12 juin 1949, conservé dans le fonds de l'Agence générale des alimentations et boissons (AGAB) indique que « la maison Dr. Oetker répond pleinement aux critères d'excellence définis par le plan Marshall ». Le document précise qu'aucune investigation supplémentaire sur les responsabilités politiques individuelles de ses dirigeants n'est requise, car leur « apport industriel et alimentaire » prime toute considération idéologique. Ensuite, les archives du ministère de l'Économie contiennent plusieurs circulaires de la délégation générale des exportations, datées de janvier 1951, autorisant Dr. Oetker à bénéficier du quota maximal de devises allouées aux firmes labellisées « alliées ». Un télégramme du service des bons de route, daté du 18 février 1951, instruit que « la levée de toute restriction sur les envois

firmes allemandes subissent des restrictions d'importation en raison de leur passé nazi[4]. Pour la chercheuse, cet assouplissement résulte d'un compromis politique : promouvoir la relance économique de l'Ouest européen prend le pas sur une épuration approfondie, surtout quand la compagnie fournit des denrées jugées stratégiques pour l'alimentation infantile et scolaire. Tout est là : porosité entre réseaux SS, circuits diplomatiques alliés et stratégies commerciales d'après-guerre, surtout lorsqu'il s'agit d'alimentation ; il se produit alors comme une sorte de pardon parce qu'il est question de préparations pour gâteaux, levures, soupes instantanées, cornichons, etc.

Les horreurs perpétrées par les SS, les expérimentations monstrueuses sur des cobayes humains, les travailleurs forcés, réduits à l'esclavage, l'embrigadement nazi, le racisme officiel, la propagande nauséabonde, etc., tout cela ne compte plus parce qu'il faut donner à manger après ces années de restrictions, reconstruire et tout effacer. En retraçant les étapes précises de la dénazification expéditive de Rudolf-August Oetker, Meier démontre comment un dirigeant Waffen-SS peut non seulement échapper à des sanctions financières et judiciaires sévères, mais aussi rétablir instantanément la présence mondiale d'une marque jusque-là complice du régime hitlérien.

---

de farine et levure est accordée sans condition, l'entreprise jouissant d'une confiance pleine et entière ».

4. U.S. National Archives, OMGUS Records, RG 260, Box 47, « Commercial Patents Reinstatement Files » (1947-1949).

Plusieurs autres chercheurs français ont fouillé les archives dans le but de poursuivre ces travaux essentiels. En 2022, dans sa thèse *Entre revanche économique et devoir moral*[5], Sophie Henri analyse comment les archives françaises de l'Agence générale des alimentations et boissons (AGAB) montrent une préférence constante pour la relance des exportations, quitte à écarter tout contrôle politique des dirigeants allemands. Henri signale notamment que les rapports annuels de l'AGAB (1948-1952)[6] jettent un voile pudique sur les enquêtes menées par Hélène Wahl, seule fonctionnaire chargée de vérifier les casiers judiciaires, et dont les conclusions (dossier non daté) n'ont jamais été versées au dossier officiel. Nous verrons un peu plus loin pourquoi ces conclusions n'ont jamais été utilisées.

Plus récemment, Guillaume Pouliquen a publié un article intitulé « Le bon grain et l'ivraie : marques allemandes et crédits alliés[7] », qui réexamine les archives de la Banque de France[8] pour montrer que Dr. Oetker a reçu un prêt de 150 millions de francs de l'État en 1950, conditionné

---

5. Henri, Sophie, *Entre revanche économique et devoir moral : la réhabilitation des industriels allemands, 1947-1952*, thèse, université Panthéon-Sorbonne, 2022.

6. Archives nationales (site de Pierrefitte), ministère de l'Économie, sous-série F/12, dossier « Exportations – Dr. Oetker », circulaire C-51/18 du 18 février 1951.

7. Pouliquen, Guillaume, « Le bon grain et l'ivraie : marques allemandes et crédits alliés (1948-1953) », *Histoire des relations internationales*, vol. 14, n° 2, 2024, p. 102-127.

8. Caisse des dépôts, fonds AGAB, vol. III, mémorandum interne du 12 juin 1949, carton F/12/2255.

uniquement par la mention d'un certificat « anticommuniste » et « pro-occidental », sans référence à la dénazification de ses cadres. D'autres entreprises allemandes ont, elles aussi, reçu des prêts de la Banque de France…

Un dossier compromettant étouffé

Le plus troublant dans tout ceci est qu'une enquêtrice chevronnée a alerté sur le passé nazi de nombreux responsables dans des dossiers complets et factuels, sans que ses avertissements et ses rappels à la loi n'aient été pris en compte. En somme, on peut imaginer que ces révélations sont demeurées quelques mois sur des bureaux, vite lues et vite classées.

En 1947, le plan Marshall, manne financière gigantesque[9], est lancé, déversant des milliards de dollars dans toute l'Europe. Les populations ont besoin de rêver et de consommer après des années de privation.

L'enquête du Dr Hélène Wahl constitue le seul volet formel de contrôle moral institué par l'AGAB pour vérifier l'honorabilité des industriels allemands désireux d'accéder aux quotas d'exportation. En poste à partir de janvier 1949, experte en droit pénal et ancienne juge

9. Le plan Marshall (ERP) a alloué aux pays d'Europe 13,3 milliards de dollars américains entre 1948 et 1952, sous forme de prêts et de dons, pour soutenir leur reconstruction économique. La Grande-Bretagne fut la principale bénéficiaire (26 % des crédits), suivie par la France (22 %) et l'Allemagne de l'Ouest (11 %). Concrètement, la France reçut à elle seule 2,8 milliards de dollars, tandis que l'Allemagne de l'Ouest perçut environ 1,5 milliard de dollars.

suppléante au tribunal régional de Düsseldorf, la chercheuse a reçu pour mission de dépouiller les casiers judiciaires des dirigeants de chaque firme candidate, de compiler leurs éventuelles condamnations ou classifications et de formuler une recommandation sur leur admissibilité. Son protocole s'appuie sur trois sources principales : les décisions des tribunaux de dénazification Spruchkammern (Rhénanie-du-Nord-Westphalie), les registres pénitentiaires et le Service fédéral des casiers judiciaires (Bundeszentralregister), qu'elle croise avec des témoignages d'anciens collaborateurs et, parfois, des dossiers de police militaire américaine (OMGUS).

Ses rapports[10] sont structurés en fiches individuelles. Chaque fiche indique : le niveau de responsabilité politique (membre du NSDAP, statut SS, grade dans la Wehrmacht), la nature des infractions (complicité d'exploitation de travailleurs forcés, financement du parti, appropriations illicites) et une proposition de classement selon les cinq groupes de dénazification (de « Principal Offender » à « Exonerated »). Dans le dossier sur Rudolf-August Oetker, la juriste rappelle son grade de capitaine (Hauptsturmführer) dans la Waffen-SS, note l'utilisation de détenus civils dans les usines et conclut à une « responsabilité politique moyenne », préconisant une suspension de licences de dix-huit mois avant toute réintégration. Pourtant, donc, alors que ses conclusions auraient dû

10. Ses fiches ont été retrouvées dans une boîte, référencée F/12/2257, des archives de l'AGAB.

alimenter les décisions sur l'attribution des quotas de devises et l'octroi du fameux label « qualité alliée », elles ne sont pas incorporées aux rapports annuels de l'AGAB (cartons 2253-2256), dans lesquels domine un discours univoque célébrant la « reconstruction économique » et l'« excellence industrielle » des firmes allemandes.

Hélène Wahl, seule fonctionnaire assermentée pour garantir la probité des exportateurs, se heurte là à un système où la priorité est donnée à la relance des échanges transfrontaliers. À ce jour, ses fiches individuelles n'ont été communiquées qu'à une poignée de chercheurs (Sophie Henri, Guillaume Pouliquen) et n'ont jamais fait l'objet d'une publication intégrale, malgré leur importance pour comprendre la postérité du « droit moral » dans les politiques commerciales d'après-guerre.

Fin 1951, Hélène Wahl quitte l'AGAB pour rejoindre la faculté de droit de l'université de Cologne (ex-RFA), où elle enseigne jusqu'à sa retraite en 1973. Plutôt discrète, elle n'a jamais publié ses rapports de moralité sous son vrai nom. Seule une étude interne de 1955, parue sous pseudonyme, reprend quelques extraits anonymisés de ses fiches. Aucun corpus complet n'est mis à disposition des chercheurs, Wahl invoquant la « confidentialité diplomatique » et l'intérêt de l'État à préserver les archives liées à la reconstruction de l'Europe. Dans la presse allemande, la juriste ne s'est exprimée qu'une fois publiquement, dans un très court entretien accordé à la *Frankfurter Allgemeine*

Zeitung[11] le 12 mars 1952. Elle y défend l'idée que « la reconstruction prime sur le passé » et refuse de commenter des cas particuliers, arguant que l'AGAB avait elle-même décidé de ne pas diffuser ses conclusions pour « ne pas entraver le redémarrage industriel ». Aucune autre prise de parole n'existe, et aucun droit de réponse formel n'a été consigné lorsque des firmes comme Dr. Oetker ont ensuite été mises en cause.

Les réparations

Dès la fin des années 1990, confronté à la question de sa responsabilité envers les dizaines de milliers de personnes astreintes à un travail forcé dans ses usines sous le Troisième Reich, Dr. Oetker choisit de n'ouvrir aucun fonds interne spécifique et de s'inscrire exclusivement dans le cadre fédéral allemand de réparation. La quasi-majorité des entreprises allemandes nationales-socialistes font le même choix de compenser les exactions passées dans un fonds fédéral. Conformément à la loi du 12 août 2000, l'entreprise est devenue contributrice d'un organisme, la Fondation Mémoire, Responsabilité et Avenir (Stiftung Erinnerung, Verantwortung und Zukunft, EVZ[12]), placée sous l'égide de l'État et chargée

---

11. « Rekonstruktion vor Moral », *Frankfurter Allgemeine Zeitung*, entretien avec Dr Hélène Wahl, 12 mars 1952.

12. Saathoff, Günter *et al.*, *The German Compensation Program for Forced Labour: Practice and Experiences*, éd. Stiftung Erinnerung, Verantwortung und Zukunft, Berlin, 2017. Disponible en ligne à l'adresse : https://www.stiftung-evz.de/

de verser des forfaits aux victimes du travail forcé nazi et à leurs ayants droit.

Au sein d'une structure patronale intitulée « Initiative de la fédération des entreprises allemandes » (Stiftung Initiative der deutschen Wirtschaft), qui a joué un rôle clé dans la création de la Fondation Mémoire, Responsabilité et Avenir réunissant plus de 6 500 entreprises volontaires, Dr. Oetker a participé au financement des 5 milliards de deutsche marks destinés aux réparations. Les rapports annuels de l'EVZ montrent qu'à l'échelle des grandes firmes agroalimentaires, chaque cotisation varie théoriquement entre 20 et 100 millions de deutsche marks, même si la part exacte du montant consenti par Dr. Oetker n'a jamais été publiée par l'entreprise elle-même, car le détail des versements de chaque société n'y figure pas… Ce versement – additionné aux 5 milliards de deutsche marks d'apport public – a permis, jusqu'à la clôture du programme le 30 septembre 2006, la distribution de 4,529 milliards d'euros à près de 1 665 000 bénéficiaires.

Pour bien comprendre, les indemnités sont modulées selon trois catégories :

- catégorie A (anciens déportés/politiques), forfait jusqu'à 15 000 deutsche marks (7 670 euros) ;

—

assets/4_Service/Infothek/Publikationen/EVZ_Monografien_Sammelbände_The_German_Compensation_Program_for_Forced_Labor.pdf

- catégorie B (travail forcé sous contraintes sévères), jusqu'à 5 000 deutsche marks (2 560 euros) ;
- catégorie C (cas exceptionnels, familles d'enfants, victimes d'expérimentations), paiement forfaitaire de 8 300 deutsche marks (4 240 euros).

Le versement des sommes est géré par des organismes spécialisés : l'Organisation internationale pour la Migration pour les catégories A et B, la Conférence sur les réclamations matérielles juives contre l'Allemagne pour les fonds dédiés aux victimes juives, et la Commission internationale sur les réclamations d'assurance de l'époque de la Shoah pour les polices d'assurance non réglées.

En parallèle de ce mécanisme fédéral, Dr. Oetker annonce, fin 2016, la création d'un « fonds de responsabilité culturelle » doté de 3 millions d'euros, confié au Bureau de coordination pour les pertes de biens culturels (Koordinierungsstelle für Kulturgutverluste). Destiné à accélérer la restitution ou l'indemnisation des œuvres d'art spoliées à des familles juives, ce fonds a permis de rendre plusieurs tableaux et objets d'orfèvrerie via des accords amiables avec les ayants droit.

Parmi les contributeurs considérés comme « modèles », plusieurs grands groupes ont non seulement versé 100 millions de deutsche marks à l'EVZ, mais aussi mis en place des mécanismes complémentaires. Volkswagen a ainsi débloqué un fonds interne de 50 millions pour l'assistance médicale des survivants, tandis que Siemens a réservé 30 millions à la restitution d'œuvres spoliées et à la documentation de ses archives. Deutsche Bank a créé une commission dédiée au traitement des dossiers d'anciens travailleurs forcés, Allianz un « fonds spécial victimes » de 20 millions pour des bourses en mémoire des déportés, et Dresdner Bank s'engage à reverser les intérêts générés par sa contribution à des projets de recherche historique. À l'inverse, la majorité des PME allemandes limite leur participation aux sommes obligatoirement versées à l'EVZ (entre 2 et 20 millions de deutsche marks) sans fonds internes supplémentaires.

Plusieurs facteurs expliquent cette générosité accrue de certains donateurs. D'abord, ces grands groupes sont ceux qui, sous le Troisième Reich, ont le plus massivement eu recours au travail forcé ou ont profité de spoliations : le coût symbolique d'une indemnisation minimaliste aurait été trop lourd pour leur réputation naissante. Ensuite, dès les années 1990, enquêtes médiatiques et travaux universitaires ont dévoilé, comme on l'a vu, leurs responsabilités, accentuant la pression publique à l'approfondissement des réparations. Enfin, l'approche des commémorations du cinquantenaire de la fin de la guerre a transformé la réparation financière en un enjeu de légitimité « *corporate* » de communication : ces entreprises doivent prouver qu'elles assument pleinement leur passé pour restaurer leur image et sécuriser leur avenir dans une économie désormais fondée sur la mémoire.

Ce sont les groupes aux archives les plus compromettantes qui ont tracé le modèle de la « générosité » en matière de réparation. Leur double engagement – financier via l'EVZ et moral via des fonds internes ou des commissions dédiées – illustre la manière dont la transparence et la responsabilité peuvent servir à reconstruire non seulement une économie, mais aussi une légitimité post-nazie. Cette expérience reste aujourd'hui un repère pour tous les débats sur la réparation des crimes industriels et le rôle des entreprises dans la culture du souvenir.

Mais en l'absence de tout dispositif d'indemnisation complémentaire propre, l'effort financier de Dr. Oetker se résume donc à sa contribution à l'EVZ et à ce fonds culturel. Si ces programmes réparent partiellement les injustices du passé, les historiens insistent sur la nécessité d'une transparence totale et d'une documentation accessible pour mesurer pleinement l'ampleur des engagements – financiers et mémoriels – d'une entreprise dont les origines industrielles sont entachées par l'histoire concentrationnaire.

La société allemande a globalement accueilli le programme de réparation du travail forcé et les initiatives de mémoire avec un mélange de soulagement et de lassitude. Dans les sondages menés au début des années 2000, une large majorité de citoyens se déclare favorable à l'indemnisation des victimes nazies, mais un quart des Allemands estiment que « l'heure de la culpabilisation est passée » et qu'il faut désormais « tourner la page ».

Cette ambivalence se traduit par un soutien formel aux commémorations et aux lois de mémoire (pénalisation du négationnisme, mise en place de lieux de mémoire comme le Mémorial de l'Holocauste à Berlin en 2005 ou le centre de documentation Topographie de la terreur à Berlin en 2010), tandis que l'on observe dans une partie de la population un sentiment de « fatigue mémorielle » – notamment parmi les générations nées après 1960 – et un rejet du discours jugé « culpabilisant » ou « constant ».

Du côté politique, un consensus se maintient depuis Adenauer : aucun grand parti ne conteste l'impératif de mémoire. Sous Helmut Kohl, la RFA négocie les premières indemnisations bilatérales (Traité germano-israélien de 1952). Gerhard Schröder vote la loi de 2000 instituant la fondation EVZ (10 milliards de deutsche marks de fonds public et privé). Angela Merkel fait de la « culture du souvenir » un pilier de sa politique extérieure et soutient la création d'instituts comme la fondation Topographie de la terreur à Berlin, qui existe aussi et surtout grâce à la pression des citoyens allemands. Les débats se cantonnent aux modalités : certains députés CDU (droite modérée) réclament l'ouverture élargie des archives d'entreprise, tandis que la CDU/CSU (droite modérée) et le SPD (gauche modérée) s'accordent sur un soutien accru à l'enseignement de l'histoire nazie dans les programmes scolaires[13].

---

13. Husson, Édouard, « Histoire et mémoire du passé nazi en République fédérale d'Allemagne », *Histoire@Politique* [en ligne], nº 2, 2007.

En dépit des actions entreprises dans les quinze à vingt dernières années[14], plusieurs chantiers restent ouverts. D'abord la transparence : malgré l'effort des grandes firmes (Volkswagen, Siemens, Deutsche Bank, Allianz, Dresdner Bank), modèles de générosité, l'accès aux archives internes d'entreprises familiales, comme Dr. Oetker ou Bahlsen, demeure encore partiel. Des historiens et des ONG réclament fermement la création d'un observatoire indépendant, doté d'un mandat pour examiner exhaustivement les dossiers de 1933-1945, y compris les correspondances commerciales et financières.

—

Disponible à l'adresse : https://shs.cairn.info/revue-histoire-politique-2007-2-page-5?lang=fr

14. La prise de conscience contemporaine du peuple allemand commence avec l'exposition « Vernichtungskrieg. Verbrechen der Wehrmacht 1941-1944 » (« Guerre d'extermination. Crimes de la Wehrmacht 1941-1944 »). Conçue par l'Institut d'histoire sociale de Hambourg, elle a été présentée au Deutsches Historisches Museum à Berlin à partir du 9 novembre 1997. Elle a déclenché une vive polémique, notamment en raison d'erreurs de légende sur certaines photographies, mais surtout d'une remise en question du rôle de la Wehrmacht dans les crimes de guerre. Puis du 15 octobre 2010 au 27 février 2011, a eu lieu l'exposition intitulée « Hitler und die Deutschen. Volksgemeinschaft und Verbrechen » (« Hitler et les Allemands. Peuple et crime ») présentée également au Deutsches Historisches Museum de Berlin. C'était la première grande rétrospective allemande depuis la Seconde Guerre mondiale à interroger directement les rapports du Führer avec la société allemande, associant photographies, affiches de propagande et quelques objets personnels pour expliquer comment Hitler a pu susciter un véritable culte de la personnalité. Dès le lancement du projet, l'exposition a été vivement critiquée. Le débat public s'est concentré sur la question : peut-on exposer Hitler sans le glorifier ? Certains reprochaient à l'exposition de banaliser ses reliques, tandis que d'autres saluaient sa dimension pédagogique, renouant avec une mémoire allemande encore hésitante sur la représentation des dictateurs en musée.

Ensuite l'éducation : si la mémoire de la Shoah occupe une place centrale dans les manuels, l'histoire du travail forcé et des spoliations économiques est marginale.

Enfin la dimension européenne : avec la Commission européenne, il s'agit de coordonner la recherche sur les réparations et d'élargir le débat aux pays d'Europe centrale et orientale, toujours en attente de compensations collectives.

L'Allemagne pose un cadre robuste de réparation et de mémoire, porté par un large accord politique et un engagement financier considérable. Mais la « Vergangenheitsbewältigung » (que l'on peut traduire par « surmonter le passé ») ne se réduit pas, comme on l'a souligné, à des versements forfaitaires : il reste à traduire la contrition en transparence réelle, à nourrir le débat public et à pérenniser l'enseignement de ces enjeux pour prévenir le renouveau de formes de négationnisme ou de relativisme historique.

POSTFACE

Que nous apprend ce long voyage au cœur de l'assiette nazie ?

D'abord, l'étude de l'alimentation durant le Troisième Reich montre combien le banal, – c'est-à-dire ici, des aliments cuisinés – pouvait diffuser l'horreur. Le pain ordinaire et la soupe quotidienne, loin de n'être que de simples plats, servaient d'instruments de propagande, de laboratoires de cruauté et d'expressions tangibles de l'idéologie totalitaire. À chaque bouchée, la face la plus sombre de la volonté politique se révélait. L'histoire du régime reste inachevée et l'abîme du quotidien nazi continue de nous surprendre.

Ensuite, ouvrir toutes les archives – politiques, économiques ou privées – n'est pas un exercice de pur érudit, mais un impératif moral. Il s'agit d'opposer le savoir à l'oubli, la transparence au mensonge et la responsabilité à l'indifférence. C'est nous confronter à notre propre capacité à tolérer le mal, surtout lorsqu'il se cache derrière des chiffres, des brevets ou des commandes publiques.

Cette ouverture oblige à accueillir une vérité complexe et à reconnaître la part de culpabilité collective qui nous rattache encore aux flux financiers et moraux du Troisième Reich.

Enfin, le nazisme apparaît non seulement comme doctrine ou barbarie, mais aussi comme un gouffre où technique, violence et banalité du mal s'entremêlent. Plus qu'un festin macabre, l'alimentation sous le nazisme se révèle comme un champ de bataille idéologique, testant et imposant un ordre totalitaire jusque dans l'assiette. Explorer chacun de ses recoins, c'est non seulement comprendre son mécanisme, mais aussi se protéger de toute résurgence d'un monde fondé sur la haine ou la compétition à outrance. Car c'est dans la plus humble nourriture, dans les plus simples traditions culinaires, que se trouve la clé de notre humanité : fragile, menacée, mais résolument vivante.

REMERCIEMENTS

Je tiens tout d'abord à dire ma gratitude à mon éditrice, Emmanuelle Delacomptée, dont la clairvoyance, la patience et le soutien indéfectible ont guidé chaque étape de ce livre. Sa rigueur et son enthousiasme ont transformé *Les nazis à table* et m'ont permis d'aller au bout de ce projet exigeant.

Je remercie également tous les historiens qui, souvent dans l'ombre, ont consacré un temps précieux à explorer des thèmes difficiles mais cruciaux. Leurs recherches, leurs publications et leurs débats ont été le socle indispensable sur lequel je me suis appuyé pour enrichir et nuancer mon propos.

TABLE DES MATIÈRES

PARTIE IV
L'ALIMENTATION, UN INSTRUMENT DE MORT

PARTIE V
UN HÉRITAGE GÊNANT

RÉGION SUD
PROVENCE
ALPES
CÔTE D'AZUR

#lisez engagé !
www.lisez.com

Pour plus d'information :

Imprimé sur du papier issu de forêts gérées durablement.

Achevé d'imprimer par
Normandie Roto Impression s.a.s. à Lonrai
N° d'impression : 2504692

Imprimé en France